U0964741

十八大以来党和国家
若干重大决定诞生记

（修订版）

本书编写组◎编

SHIBADA YILAI DANG HE GUOJIA

RUOGAN ZHONGDA JUEDING DANSHENGJI

新 华 出 版 社

图书在版编目（CIP）数据

十八大以来党和国家若干重大决定诞生记 / 《十八大以来党和国家若干重大决定诞生记》编写组编. -- 修订版. -- 北京 : 新华出版社, 2022.12
ISBN 978-7-5166-6544-2

Ⅰ. ①十… Ⅱ. ①十… Ⅲ. ①方针政策－研究－中国
Ⅳ. ①D601

中国版本图书馆CIP数据核字（2022）第210473号

十八大以来党和国家若干重大决定诞生记（修订版）

编　　写：本书编写组

出 版 人：匡乐成　　**项目统筹：**许　新
责任编辑：蒋小云　　**封面设计：**刘宝龙

出版发行：新华出版社
地　　址：北京石景山区京原路8号　　**邮　　编：**100040
网　　址：http://www.xinhuanet.com/publish
经　　销：新华书店、新华出版社天猫旗舰店、京东旗舰店及各大网店
购书热线：010－63077122　　**中国新闻书店购书热线：**010－63072012

照　　排：六合方圆
印　　刷：河北鑫兆源印刷有限公司

成品尺寸：170mm×240mm
印　　张：16.25　　**字　　数：**195千字
版　　次：2022年12月第一版　　**印　　次：**2022年12月第一次印刷

书　　号：ISBN 978-7-5166-6544-2
定　　价：49.80元

版权专有，侵权必究。如有质量问题，请与出版社联系调换：010-63077124

出版说明

党的十八大以来，以习近平同志为核心的党中央团结带领亿万人民踔厉奋发、勇毅前行、团结奋斗，坚持马克思列宁主义、毛泽东思想、邓小平理论、“三个代表”重要思想、科学发展观，全面贯彻新时代中国特色社会主义思想，全面贯彻党的基本路线、基本方略，采取一系列战略性举措，推进一系列变革性实践，实现一系列突破性进展，取得一系列标志性成果，经受住了来自政治、经济、意识形态、自然界等方面的风险挑战考验，党和国家事业取得历史性成就、发生历史性变革，推动我国迈上全面建设社会主义现代化国家新征程。

伟大成就的取得，根本在于有以习近平同志为核心的党中央领航掌舵，有习近平新时代中国特色社会主义思想指引航向。党的十八大以来，在面对各种风险挑战考验时，党和国家做出了哪些重大决定，这些重大决定是怎样诞生的，又如何凝结了全党和全国各族人民的集体智慧？

为便于广大读者全面了解、深刻感悟十八大以来党和国家做出的一系列重大决定的重大现实意义和深远历史意义，2020 年 12 月，新华出版社组织由新华社参与一线报道的记者、编辑和国内知名专家组成的编写组，编辑出版了《十八大以来党和国家若干重大决定诞生记》一书，收录新华社公开播发的相关重点报道文章，生动反映十八大以来党和国家重大决定的诞生过程，充分展现了党和国家重大决定的一脉相承，充满着历史纵深感和与时俱进的时代感。

2022 年 10 月，党的二十大胜利召开，新华社播发《推动中华民族伟大复兴号巨轮乘风破浪、扬帆远航——党的二十大报告诞生记》《让党旗在新征程上高高飘扬——中国共产党章程（修正案）诞生记》两篇重磅报道，以最权威、最详尽的内容，第一时间为广大干部群众深入学习领会党的二十大精神提供权威解读。《十八大以来党和国家若干重大决定诞生记》特增补这两篇文章，并在部分“诞生记”文尾增补了相关内容和视频的二维码链接。

修订再版的《十八大以来党和国家若干重大决定诞生记》，兼具权威性、新闻性、史料性和可读性，对广大干部群众系统全面、科学准确地学习贯彻习近平新时代中国特色社会主义思想，深刻领会党和国家各项重大决定的主要内涵、精神实质及其重大意义，切实把“两个确立”的政治共识转化为“两个维护”的实际行动，具有重要参考价值。

目　录

CONTENTS

推动中华民族伟大复兴号巨轮乘风破浪、扬帆远航

——党的二十大报告诞生记

这是辉映未来的历史时刻——

2022 年 10 月 16 日上午 10 时，北京人民大会堂。中国共产党第二十次全国代表大会隆重召开。

习近平总书记代表第十九届中央委员会，向大会作了题为《高举中国特色社会主义伟大旗帜 为全面建设社会主义现代化国家而团结奋斗》的报告。

会场内，2300 多名代表和特邀代表心潮澎湃，一次次热烈掌声传递着信心和力量。

这是举旗定向的政治宣言、引领复兴的行动纲领——

3 万余字的报告，凝聚党心民心，全面总结过去五年工作和新时代十年的伟大变革，提出开辟马克思主义中国化时代化新境界新要求，擘画迈向全面建设社会主义现代化国家新征程、向第二个百年奋斗目标进军的宏伟蓝图。

“中国共产党已走过百年奋斗历程。我们党立志于中华民族千秋伟业，致力于人类和平与发展崇高事业，责任无比重大，使命无上光荣。”

习近平总书记的话语催人振奋，响彻在神州大地。

新时代新征程中国共产党人的庄严宣誓，凝聚起推动中华民族伟大复兴号巨轮乘风破浪、扬帆远航的磅礴力量——

高举中国特色社会主义伟大旗帜，全面贯彻习近平新时代中国特色社会主义思想，弘扬伟大建党精神，自信自强、守正创新，踔厉奋发、勇毅前行，为全面建设社会主义现代化国家、全面推进中华民族伟大复兴而团结奋斗！

深刻把握新的历史特点，牢牢把准新征程新要求
——习近平总书记担任党的二十大文件起草组组长，全程领导党的二十大报告起草工作，倾注了大量心血

2021年11月，党的十九届六中全会决定，党的二十大于2022年下半年在北京召开。

一个拥有9600多万名党员的大党，在新时代新征程上如何引领14亿多人民团结奋进夺取新的更大胜利？如何统筹中华民族伟大复兴战略全局和世界百年未有之大变局，把新时代中国特色社会主义伟大事业不断推向前进？

党的二十大，是在全党全国各族人民迈上全面建设社会主义现代化国家新征程、向第二个百年奋斗目标进军的关键时刻召开的一次十分重要的大会。作为大会筹备工作的重要组成部分，起草一份凝聚全党全国智慧、反映人民意愿、对党和国家事业发展具有重大指导作用、在国际社会产生积极影响的纲领性文献，是开好大会的重要环节。

习近平总书记对党的二十大报告起草工作高度重视，全程领导了报告起草工作，倾注了大量心血。

2022年1月，习近平总书记主持召开中共中央政治局常委会、中央政治局会议，决定成立党的二十大文件起草组。文件起草组由习近平总书记担任组长，王沪宁、赵乐际、韩正同志担任副组长，党和国家有关领导同志、有关部门和地方负责同志参加。

2022年2月16日，中南海怀仁堂。

习近平总书记主持召开党的二十大文件起草组第一次全体会议，宣布中央关于成立党的二十大文件起草组的决定。文件起草工作正式启动。

会上，习近平总书记对起草工作进行动员和部署，要求充分认识党的二十大报告起草工作的重大意义，深入研究报告起草涉及的重大理论和实践课题，并高瞻远瞩指出起草报告有五个必须全面把握和深入思考的新的历史特点——

一是党已经走过创造辉煌的一百年，正团结带领人民承前启后、继往开来、在新的历史条件下继续夺取中国特色社会主义伟大胜利，我国发展面临新的战略机遇。

二是党团结带领人民实现了第一个百年奋斗目标，全面建成了小康社会，历史性地解决了绝对贫困问题，踏上了实现第二个百年奋斗目标、全面建设社会主义现代化国家新征程，我国发展面临新的战略任务。

三是中华民族伟大复兴取得历史性成就，既进入了不可逆转的历史进程，也进入了乘势而上、确保中华民族伟大复兴不被迟滞甚至打断的关键时期，我国发展面临新的战略阶段。

四是中国特色社会主义新时代已经走过第一个十年，必须继续开创新时代中国特色社会主义事业新局面，我国发展面临新的战略要求。

五是百年变局和世纪疫情相互交织，世界进入新的动荡变革期，世界和平与发展面临严峻挑战，外部环境更加不稳定、不确定，我国发展面临新的战略环境。

立足“两个大局”，胸怀“国之大者”，习近平总书记深刻指出，党的二十大谋划未来的目标任务和行动纲领，必须充分考虑这些新的历史特点，使各项工作更好体现时代性、把握规律性、富于创造性。

举一纲而万目张。

主题是报告的灵魂。对于党的二十大报告的主题，习近平总书记一直在思考。

习近平总书记在这次全体会议上精辟指出，党的全国代表大会报告必须有一个统摄全局的主题，向党内外、国内外宣示，党在新征程上举什么旗、走什么路、以什么样的精神状态、朝着什么样的目标继续前进。

“既要同党的十八大、十九大报告主题一脉相承，又要充分体现新时代、新征程、新阶段的新要求。”习近平总书记强调，研究确定党的二十大报告主题，必须牢牢把握中国特色社会主义新时代这个历史方位和时代坐标，牢牢把握全面建设社会主义现代化国家这个中心任务，牢牢把握实现中华民族伟大复兴中国梦这个奋斗目标，牢牢把握团结奋斗精神。

3 月 15 日，党的二十大文件起草组举行第二次全体会议，起草组同志认真交流对习近平总书记重要讲话的认识和体会，讨论报告涉及的重大理论和实际问题。

5 月 17 日，党的二十大文件起草组举行第三次全体会议。

习近平总书记听取各地区各部门各方面反馈意见和建议汇总情况汇报，研究讨论党的二十大报告框架方案。

这次会议上，习近平总书记明确提出四点要求，为报告起草工作提供了根本遵循：

——把握历史方位。“把面临的形势分析透，把握住新发展阶段的历史方位和时代特点，是起草好党的二十大报告的前提和基础”。

——聚焦战略任务。“在部署改革发展稳定、内政外交国防、治党治国治军等各项工作时要锚定第二个百年奋斗目标，紧紧围绕未来5年党的战略任务展开”。

——坚持守正创新。在思想理念、政策举措上既要继承，又要勇于创新。

——增强斗争精神。“要充分体现敢于斗争、敢于胜利的精气神，各方面战略谋划和工作举措都要直面矛盾和问题”。

这次会议讨论确定，党的二十大报告的框架方案按总分结合、先总后分的结构，拟分15个部分，文件起草组分为5个小组负责各部分的起草工作。

谋深虑远，方能行稳致远。

党的二十大报告能否准确研判新时代新征程我国发展面临的国际国内环境，积极回应全党全军全国各族人民期盼，科学部署长远目标任务，考验着一个政党的理论勇气和执政能力。

6月27日，习近平总书记主持召开党的二十大文件起草组第四次全体会议，讨论修改党的二十大报告稿初稿。

“党的二十大不仅要谋划未来5年的经济社会发展，还要在党的十九大部署基础上对全面建设社会主义现代化国家进行谋划，在思想理念、政策举措上既要继承，又要勇于创新。老祖宗不能丢，又要说新话；优良传统要弘扬，又要创造新办法。”

习近平总书记要求，文件起草组要继续在提出新思想新观点新举措上下功夫，从党和国家事业发展全局出发，从各方面各领域工作的方向和原则要求出发，不断增强报告稿的思想性、战略性、前瞻性、指导性。

对于重大理论和实践问题，习近平总书记指明思考和研究的方法：

“要坚持辩证唯物主义和历史唯物主义的方法论，坚持战略思维、辩证思维、创新思维、历史思维、底线思维，从历史和现实、理论和实践、国内和国际等的结合上进行思考，确保得出的结论、作出的部署经得起历史和实践检验。”

7月11日和7月21日，习近平总书记主持召开中央政治局常委会会议，审议党的二十大报告送审稿。中央政治局常委同志赞成报告稿的框架思路、内容结构、重大思想、主要提法，并对完善报告稿提出了具体建议。

7月26日，北京京西宾馆。省部级主要领导干部“学习习近平总书记重要讲话精神，迎接党的二十大”专题研讨班开班式在这里举行。

“我们要牢牢把握新时代新征程党的中心任务，提出新的思路、新的战略、新的举措，继续统筹推进‘五位一体’总体布局、协调推进‘四个全面’战略布局，踔厉奋发、勇毅前行、团结奋斗，奋力谱写全面建设社会主义现代化国家崭新篇章。”

开班式上，习近平总书记作了重要讲话，深刻阐释了关于党的二十大报告若干重大理论和实践问题的基本考虑，并就下一步将报告稿下发各地区各部门征求意见提出明确要求。

党的二十大报告起草过程中，习近平总书记自始至终高度重视、全程领导，多次主持召开起草组工作会议，多次主持中央政治局常委会会议、中央政治局会议审议报告稿，对涉及党和国家事业发展的重大理论和实践问题进行讨论研究。

“报告中许多新的重要思想、重要观点、重大论断、重大举措，都是总书记深入研究、反复思考、亲自提出来的，这与他长期以来的理论思考和实践探索是分不开的。”文件起草组成员说。

从滴水成冰的内蒙古阿尔山边防哨所，到暑气升腾的新疆吐鲁番交河故城；从海南三亚国家南繁科研育种基地的滚滚稻浪，到山东威海甲午海战故地刘公岛的阵阵海风……

十年来，习近平总书记步履不停、“调研开路”，发现问题、认识国情、寻求规律，不断丰富发展治国理政新理念新思想新战略，在广袤的土地上、广阔的视野下推进中华民族伟大复兴，为党的二十大报告起草提供了丰厚依据。

习近平总书记立足时代之基、回答时代之问、引领时代之变，以非凡理论勇气、卓越政治智慧、强烈使命担当，进行了一系列新的具有开拓性意义的理论创造，为党的二十大报告起草提供了思想指引。

习近平总书记的坚定理想信念、真挚为民情怀、高度历史自觉、强烈责任担当，潜移默化体现在报告起草工作全过程，起草工作扎实有力推进，不断取得丰硕成果。

一场场扎实调研、一次次深入讨论、一遍遍精心修改……在习近平总书记亲自领导下，文件起草组共召开6次全体会议，数十次小组和工作班子会议以及专题会议，对重要观点、重要提法、重要举措反复推敲、论证、打磨，报告稿在层层推进中逐步丰富、完善、成熟。

起草充分发扬民主，凝聚全党全国智慧

——党的二十大报告起草坚持走群众路线，反映人民意愿，汇集各方智慧，充分解放思想，广泛凝聚共识

“在起草工作中要充分发扬民主，加强调查研究，广泛听取意见，

集中起各方面智慧。”习近平总书记在党的二十大报告起草伊始就明确强调。

怎样科学总结新时代十年党和国家事业取得的重大成就、主要经验，以及存在的问题挑战、薄弱环节？

怎样全面贯彻习近平新时代中国特色社会主义思想，坚决维护习近平总书记核心地位，坚持党的全面领导，坚决维护党中央权威和集中统一领导？

怎样坚持和发展中国特色社会主义道路、理论、制度、文化，坚定中国特色社会主义道路自信、理论自信、制度自信、文化自信？

怎样坚持以中国式现代化推进中华民族伟大复兴、全面建设社会主义现代化国家？

怎样统筹推进“五位一体”总体布局、协调推进“四个全面”战略布局，全面加强经济建设、政治建设、文化建设、社会建设、生态文明建设？

怎样坚定不移全面从严治党，明确推进党的自我革命的目标任务、重点工作、重大举措？

……

回答好这些重大问题，必须深入进行调查研究，广开言路、集智聚力。

1 月 27 日，党中央向各地区各部门发出《关于对党的二十大报告议题征求意见的通知》，决定就党的二十大报告议题在党内一定范围组织讨论，广泛征求意见，同时，通过一定方式征求部分党外人士意见和建议。

按照党中央部署，54 个单位承担重点课题调研任务，围绕 26 个专题开展调研，形成 80 份调研报告，共计 132.7 万字。在 3 个月连续深入调研中，64 个课题组到各省区市实地调研 179 批次；25 个课题组对 465 个单位进行书面调研；10 个课题组委托 252 个单位进行专题调研。各课题组共召开 1501 场座谈会、18 场视频座谈会，参会 19022 人次。课题组咨询访谈 1847 人次。

听民意、汇民智、聚民力。

4 月 15 日至 5 月 16 日，党的二十大相关工作网络征求意见活动开展。这是我们党历史上第一次将党的全国代表大会相关工作面向全党全社会公开征求意见。

“围绕党的全国代表大会相关工作开展网络征求意见，是全党全社会为国家发展、民族复兴献计献策的一种有效方式，也是全过程人民民主的生动体现。”

习近平总书记早在 2 月份就对此次网络征求意见作出重要批示，亲自审定有关工作安排、进行专门部署，指明了此次网络征求意见的努力方向，提供了根本遵循。

在网络征求意见结束后，习近平总书记再次作出重要指示，指出要总结这次活动的成功做法，走好新形势下的群众路线，善于通过互联网等各种渠道问需于民、问计于民。

为构建现代能源体系、统筹推进碳达峰碳中和提出对策；建议推动教育高质量发展，培养高质量人才；为健全防止返贫动态监测和帮扶机制想办法……在人民群众广泛响应、积极参与下，活动期间共收集各类意见建议留言超过 854.2 万条、2.9 亿字，体现出了建言数量质量“双高”的特点。

经过认真梳理汇总，按照尊重原意、分类整合、突出重点、简洁凝练的原则，摘编具有建设性、代表性的意见建议 1675 条，并印发文件起草组全体同志，各小组结合本组负责起草的有关部分范围，逐条研究相关建议，提出吸收意见的建议。

科学决策、民主决策，开诚布公、畅所欲言。

6月9日、8月18日、8月23日、8月26日、8月29日，习近平总书记先后在成都、沈阳、北京主持召开五场党的二十大报告起草和党章修改工作征求意见座谈会，听取31个省区市党政主要负责同志、解放军各大单位和中央军委机关有关部门主要负责同志提出的修改意见和建议。

7月4日至5日，文件起草组召开四次党的二十大重点课题调研成果汇报会，分别听取了48个调研组围绕23个重点课题开展的调研成果汇报。

7月11日，中央政治局常委会会议第一次审议党的二十大报告送审稿。中央政治局常委同志赞成报告稿的框架思路、内容结构、重大思想、主要提法，认为报告稿立意高远、视野宽阔、亮点很多，思想性、理论性、战斗性都很强，并对修改完善报告稿提出了重要意见。

7月21日，中央政治局常委会会议第二次审议报告稿，常委同志一致同意关于报告稿的修改建议。

7月28日，中央政治局会议第一次审议党的二十大报告送审稿。中央政治局委员一致赞成报告稿。

8月4日，中央办公厅向各地区各部门发出通知，就党的二十大报告征求意见稿在党内一定范围组织讨论、征求意见。

8月31日，习近平总书记在北京主持召开座谈会，当面听取各民主党派、全国工商联和无党派人士对党的二十大报告征求意见稿的意见。

到9月1日，经统计，围绕党的二十大报告征求意见稿，108个单位在征求4700余人的意见基础上提交了书面意见，党外人士提交了10

份书面材料，各地区各部门各方面共提出修改意见1570条，扣除重复意见后为1435条。其中原则性修改意见173条，具体修改意见1262条。

根据习近平总书记重要指示精神，文件起草组还吸纳了中央领导同志、从中央领导职务上退下来的老同志对报告征求意见稿的意见和建议。

对于这些意见和建议，文件起草组认真研读党的重要文献，参考各方意见，召开多轮工作会议仔细研究，反复讨论斟酌，持续滚动更新提炼有关新提法、新举措、新行动清单，到9月9日起草组5个小组分别召开了13轮工作会议。

发展新型农村集体经济；加强青少年体育工作；完善残疾人社会保障制度和关爱服务体系；用好红色资源……不少意见和建议得到采纳，体现在党的二十大报告中。

截止到提交党的十九届七中全会审议，文件起草组对党的二十大报告稿共作出增写、改写、文字精简260处，覆盖各方面意见和建议269条。

9月7日，中央政治局常委会会议第三次审议党的二十大报告送审稿，要求文件起草组根据会议审议意见，抓紧修改报告稿，准备提交中央政治局会议审议。

9月9日，中央政治局会议第二次审议报告送审稿。中央政治局委员听取了文件起草组关于研究吸收各方面意见建议修改报告稿的情况汇报，审议了报告送审稿，准备提交党的十九届七中全会审议。

9月26日、29日，习近平总书记分别主持中央政治局常委会会议和中央政治局会议，研究党的二十大关于十九届中央委员会报告的决议稿。

10月9日，党的十九届七中全会召开。文件起草组全体同志认真听取与会同志意见建议，对报告稿进行完善修改。

10月16日，党的二十大开幕会上，一份份凝聚全党意志、体现人民意愿的二十大报告醒目地摆在了2300多名代表和特邀代表的座席前。

党的二十大代表由全国各级党组织和广大党员选举产生，广泛分布在不同领域、不同层级，对各行各业、各个方面的党员意愿、群众诉求有着深刻了解。大会召开前，代表们通过不同方式，听取了所在选举单位对党的二十大报告的意见，并把他们的期盼和愿望带到大会上来。

10月17日上午，习近平总书记参加党的二十大广西代表团讨论。代表们结合实际工作，对报告发表意见。会场内，气氛热烈，凝聚着共识，升腾着希望。

习近平总书记指出，党的二十大报告进一步指明了党和国家事业的前进方向，是我们党团结带领全国各族人民在新时代新征程坚持和发展中国特色社会主义的政治宣言和行动纲领。学习贯彻党的二十大精神，要牢牢把握过去5年工作和新时代10年伟大变革的重大意义，牢牢把握新时代中国特色社会主义思想的世界观和方法论，牢牢把握以中国式现代化推进中华民族伟大复兴的使命任务，牢牢把握以伟大自我革命引领伟大社会革命的重要要求，牢牢把握团结奋斗的时代要求。

党的二十大召开期间，根据各代表团和列席人员讨论反馈的意见，对报告稿又作出了修改。

海纳百川，气象万千。各方面各领域的智慧和力量广泛凝聚，全社会全民族的主动性、创造性充分发挥。

党的二十大报告起草过程，真正成为坚持走群众路线、充分发扬民主、集中全党全国人民智慧的过程，成为深入调查研究、总结实践经验的过程，成为充分解放思想、广泛凝聚共识的过程。

全面贯彻习近平新时代中国特色社会主义思想，以中国式现代化全面推进中华民族伟大复兴

——党的二十大报告宣示新时代新征程中国共产党的使命任务，引领亿万人民为全面建设社会主义现代化国家、全面推进中华民族伟大复兴而团结奋斗

10月22日上午，北京人民大会堂。中国共产党第二十次全国代表大会闭幕会隆重举行。

熠熠生辉的党徽下，经久不息的掌声中，党的二十大报告通过。

万人大礼堂内，这个世界最大的马克思主义执政党澎湃着自信自强的跃动脉搏，昂扬着奋发奋进的崭新气象。

新征程，新思路，新战略，新举措。

党的二十大报告分3个板块，15个部分，3万余字的篇幅中含有300多个新提法。第一板块包括导语和第一至第三部分，是总论；第二个板块包括第四至第十四部分，是党和国家各方面事业部署的展开；第三板块包括第十五部分和结束语。报告深刻阐释了新时代坚持和发展中国特色社会主义的一系列重大理论和实践问题，描绘了全面建设社会主义现代化国家、全面推进中华民族伟大复兴的宏伟蓝图，为新时代新征程党和国家事业发展、实现第二个百年奋斗目标指明了前进方向、确立了行动指南。

这是一份新时代十年伟大变革深刻昭示未来的郑重宣示——

过去五年和新时代以来的十年，在党和国家发展进程中极不寻常、极不平凡，牢牢把握新时代十年伟大变革的重要意义，至为重要。

党的二十大报告在概述五年来党和国家工作的基础上，以“3”+“16”+“4”的结构，全面回顾总结新时代十年伟大成就、伟大变革。

3件大事彪炳史册：迎来中国共产党成立一百周年；中国特色社会主义进入新时代；完成脱贫攻坚、全面建成小康社会的历史任务，实现第一个百年奋斗目标。

16个方面和工作成就非凡卓绝：创立习近平新时代中国特色社会主义思想、全面加强党的领导、对新时代党和国家事业发展作出科学完整的战略部署……报告总结了16个方面的历史性成就和历史性变革。

4个里程碑意义启迪未来：中国共产党在革命性锻造中更加坚强有力；中国人民焕发出更为强烈的历史自觉和主动精神；实现中华民族伟大复兴进入了不可逆转的历史进程；科学社会主义在21世纪的中国焕发出新的蓬勃生机。

事非经过不知难，成如容易却艰辛。

二十大代表在讨论报告中纷纷表示，新时代伟大变革中，习近平总书记作为党中央的核心、全党的核心，在风云变幻中举旗定向、掌舵领航，在大战大考中指挥若定、运筹帷幄，在惊涛骇浪中力挽狂澜、砥柱中流，充分彰显了作为马克思主义政治家、思想家、战略家的恢弘气魄、远见卓识、雄韬伟略，不愧为党的核心、人民领袖、军队统帅，不愧为中华民族伟大复兴号巨轮的掌舵者、领航人。

事实证明，党确立习近平同志党中央的核心、全党的核心地位，确立习近平新时代中国特色社会主义思想的指导地位，对新时代党和国家事业发展、对推进中华民族伟大复兴历史进程具有决定性意义。

时间铭记，大地见证。“两个确立”已经成为全党全军全国各族人民的高度共识和共同意志，已经写在了新时代的伟大征程中、写在了全党全军全国各族人民心坎上，是党应对一切不确定性的最大确定性、最大底气、最大保证。

这是一份马克思主义中国化时代化的纲领性文献——

“中国共产党为什么能，中国特色社会主义为什么好，归根到底是马克思主义行，是中国化时代化的马克思主义行。”党的二十大报告中旗帜鲜明作出这一新表述。

以科学的态度对待科学，以真理的精神追求真理。

党的二十大报告就开辟马克思主义中国化时代化新境界进行集中阐述，强调坚持和发展马克思主义，必须同中国具体实际相结合、同中华优秀传统文化相结合。

坚持和发展马克思主义，必须同中国具体实际相结合。必须坚持解放思想、实事求是、与时俱进、求真务实，不断回答中国之问、世界之问、人民之问、时代之问；

坚持和发展马克思主义，必须同中华优秀传统文化相结合。报告指出，只有植根本国、本民族历史文化沃土，马克思主义真理之树才能根深叶茂。

“天下为公、民为邦本、为政以德、革故鼎新、任人唯贤、天人合一、自强不息、厚德载物、讲信修睦、亲仁善邻”，这10个写入报告、体现着中国人民“宇宙观、天下观、社会观、道德观”的主干词格外抢眼，蕴含丰富的治国理政思想智慧，同科学社会主义价值观主张具有高度契合性，也是“把马克思主义思想精髓同中华优秀传统文化精华贯通起来”的生动例证，彰显着历史自信、文化自信。

党的二十大报告深刻阐释“两个结合”，指明了推进党的理论创新的根本途径，揭示了中国化时代化马克思主义理论之树常青的奥妙所在。实践证明，“两个结合”做得越好，理论创新之源就越丰富，理论创新之力就越强劲。

继续推进实践基础上的理论创新，首先要把握好习近平新时代中国特色社会主义思想的世界观和方法论，坚持好、运用好贯穿其中的立场观点方法。

报告提出“六个坚持”，即坚持人民至上、坚持自信自立、坚持守正创新、坚持问题导向、坚持系统观念、坚持胸怀天下。这是我们党首次从世界观和方法论的高度深刻阐述了推进理论创新的科学方法、正确路径，深刻体现了习近平新时代中国特色社会主义思想的立场观点方法，深刻揭示了这一思想根本的政治立场、彻底的理论品格、独有的精神气质、科学的思想方法，为把握好、运用好这一科学理论的思想精髓、进一步提高全党马克思主义水平提供了“金钥匙”，为继续推进党的理论创新解决了“桥和船”的问题。

“六个坚持”构成相互联系、内在统一的有机整体，贯穿体现在“十个明确”“十四个坚持”“十三个方面成就”的全部内容之中。把握运用好“六个坚持”，就能更好地领会习近平新时代中国特色社会主义思想的科学内涵、精神实质、实践要求，更好地把这一思想转化为广大党员干部的政治修养、理论素养、道德修养和履职尽责的本领。做到了“六个坚持”，我们对真理的认知就会更加深入，对马克思主义的原创性贡献就会更加显著，就能不断谱写马克思主义中国化时代化新篇章。

这是一份以中国式现代化全面推进中华民族伟大复兴的行动指南——

习近平总书记在党的二十大报告中庄严宣示：“从现在起，中国共产党的中心任务就是团结带领全国各族人民全面建成社会主义现代化强国、实现第二个百年奋斗目标，以中国式现代化全面推进中华民族伟大复兴。”

立足“两个大局”，擘画复兴伟业。

报告在进一步阐释中国式现代化五大特征的同时，令人瞩目地提出九条本质要求和前进道路上必须牢牢把握的五条重大原则。这是习近平总书记经过深入思考后提出的重大论断，明确了中国式现代化的科学内涵、旨归意义、目标任务、实现途径，揭示了中国式现代化的独特优势、实践指引、光明前景，标志着我们党对中国式现代化的认识提升到一个新的高度，是世界现代化理论的重大丰富和发展，是对西方现代化理论的超越。

“中国式现代化，是中国共产党领导的社会主义现代化，既有各国现代化的共同特征，更有基于自己国情的中国特色。”习近平总书记在报告中指出。

既一脉相承，又与时俱进。

党的十九大报告描绘了全面建设社会主义现代化国家宏伟蓝图，在这一基础上，党的二十大报告对全面建成社会主义现代化强国作出进一步科学谋划，提出了2035年我国发展的总体目标，明确“经济实力、科技实力、综合国力大幅跃升，人均国内生产总值迈上新的大台阶”“实现高水平科技自立自强”“基本实现国家治理体系和治理能力现代化”“人的全面发展、全体人民共同富裕取得更为明显的实质性进展”等目标；报告明确未来五年是全面建设社会主义现代化国家开局起步的关键时期，提出了“经济高质量发展取得新突破”“全过程人民民主制度化、规范化、程序化水平进一步提高”“居民收入增长和经济增长基本同步”“国家安全更为巩固”等主要目标任务。

教育、科技、人才是全面建设社会主义现代化国家的基础性、战略性支撑，全面依法治国是国家治理的一场深刻革命，国家安全是民族复兴的根基。

在对今后一个时期党和国家事业发展作出全面部署的同时，报告对教育科技人才、依法治国、国家安全三方面工作单列部分进行安排，体现了我们党对中国式现代化规律性认识的深化，彰显了抓关键、补短板、防风险的战略考量。

这是一份跳出治乱兴衰历史周期率的时代答卷——

“经过不懈努力，党找到了自我革命这一跳出治乱兴衰历史周期率的第二个答案，确保党永远不变质、不变色、不变味。”习近平总书记话语铿锵。

全面建设社会主义现代化国家、全面推进中华民族伟大复兴，关键在党。

党的二十大报告深刻分析了党所处历史方位、面临形势任务、党情发展变化，以高度的战略自信、战略清醒、战略自觉指出：“我们党作为世界上最大的马克思主义执政党，要始终赢得人民拥护、巩固长期执政地位，必须时刻保持解决大党独有难题的清醒和坚定。”

要深刻认识到我们党面临的“四大考验”“四种危险”将长期存在，牢记全面从严治党永远在路上、党的自我革命永远在路上，决不能有松劲歇脚、疲劳厌战的情绪，持之以恒推进全面从严治党，深入推进新时代党的建设新的伟大工程，毫不动摇把党建设得更加坚强有力。

报告从七个方面对党的建设工作作出部署：坚持和加强党中央集中统一领导；坚持不懈用习近平新时代中国特色社会主义思想凝心铸魂；完善党的自我革命制度规范体系；建设堪当民族复兴重任的高素质干部队伍；增强党组织政治功能和组织功能；坚持以严的基调强化正风肃纪；坚决打赢反腐败斗争攻坚战持久战。

一系列重要举措充分体现了党对严峻复杂考验的清醒认知，对以党的自我革命引领社会革命的高度自觉。

报告指出，要落实新时代党的建设总要求，健全全面从严治党体系，全面推进党的自我净化、自我完善、自我革新、自我提高，使我们党坚守初心使命，始终成为中国特色社会主义事业的坚强领导核心。

看清楚过去我们为什么能够成功，弄明白我们怎样才能继续成功。

走过百年奋斗历程的中国共产党在革命性锻造中更加坚强有力，必将立于政治的制高点、真理的制高点、道义的制高点，始终走在时代前列，始终保持先进性和纯洁性，在新的赶考之路上考出更加优异的成绩。

这是一份激励全党全国人民团结奋斗创造历史伟业的宣言书动员令——

全面建设社会主义现代化国家，是一项伟大而艰巨的事业，前途光明，任重道远。

环顾全球，世界百年变局和世纪疫情叠加，逆全球化思潮抬头，世界进入新的动荡变革期。审视国内，我国发展进入战略机遇和风险挑战并存、不确定难预料因素增多的时期，改革发展稳定任务之重、矛盾风险挑战之多、治国理政考验之大都前所未有。

习近平总书记告诫全党："我们必须增强忧患意识，坚持底线思维，做到居安思危、未雨绸缪，准备经受风高浪急甚至惊涛骇浪的重大考验。"

越是艰险越向前。

党的二十大报告中，团结奋斗的时代要求贯穿全篇，体现在标题、主题、导语、正文、结束语各个部分。

"新时代的伟大成就是党和人民一道拼出来、干出来、奋斗出来的""坚持发扬斗争精神""注重在重大斗争中磨砺干部""团结奋斗是中国人民创造历史伟业的必由之路”……

一句句精辟论述，激励全党发扬斗争精神、增强斗争本领、坚持团结奋斗，全力战胜前进道路上各种风险挑战，依靠顽强斗争打开事业发展新天地。

心往一处想、劲往一处使，全党全国各族人民在党的旗帜下团结成“一块坚硬的钢铁”。用伟大奋斗创造百年伟业的中国共产党，必将用伟大奋斗创造新的历史伟业。

民族复兴新征程上，习近平总书记发出庄严号召：“全党同志务必不忘初心、牢记使命，务必谦虚谨慎、艰苦奋斗，务必敢于斗争、善于斗争，坚定历史自信，增强历史主动，谱写新时代中国特色社会主义更加绚丽的华章。”

江山壮丽，前程远大，使命催征。

续写新时代十年辉煌，站在新的历史起点上，全党全军全国各族人民要紧密团结在以习近平同志为核心的党中央周围，高举中国特色社会主义伟大旗帜，以习近平新时代中国特色社会主义思想为指导，坚定信心、同心同德，埋头苦干、奋勇前进，为全面建设社会主义现代化国家、全面推进中华民族伟大复兴而团结奋斗！

（新华社北京 2022 年 10 月 26 日电　新华社记者张旭东、丁小溪）

扫码收看

相关内容与视频

让党旗在新征程上高高飘扬

——《中国共产党章程（修正案）》诞生记

伟大的政党，团结奋斗向前进；

光辉的党旗，与时俱进向未来。

旗帜引领方向，旗帜凝聚力量。百年大党历经百年奋斗，恰是风华正茂，正带领中华民族伟大复兴号巨轮驶向光辉的彼岸。

2022 年 10 月 22 日上午，北京，晴空万里。中国共产党第二十次全国代表大会闭幕会在人民大会堂隆重举行。

在习近平总书记的主持下，2338 名代表、特邀代表以举手方式郑重表决关于《中国共产党章程（修正案）》的决议。

“通过”——习近平总书记庄严宣布，会场上响起经久不息的热烈掌声……

这是热血沸腾、心潮澎湃的时刻，是全体共产党员和广大人民群众共同心声和共同意志的充分表达。大会一致同意把党的十九大以来习近平新时代中国特色社会主义思想新发展写入党章；一致同意把党的初心使命、党的百年奋斗重大成就和历史经验的内容写入党章；一致同意把全面建设社会主义现代化国家、以中国式现代化全面推进中华民族伟大复兴的奋斗目标写入党章；一致同意把党的二十大报告确立的重大理论观点和重大战略思想写入党章；一致同意把党的十九大以来以习近平同志为核心的党中央坚持党的全面领导、加强党的建设的新鲜经验写入党章。

新时代新征程，光辉的旗帜又一次增添新的思想之光、真理之光，更加丰富厚重，更加充满活力，更加熠熠生辉。

以习近平同志为核心的党中央高瞻远瞩，综合各方面意见、顺应各级党组织和广大党员愿望，作出党的二十大对党章进行适当修改的重大决策，充分彰显马克思主义政党与时俱进的政治品格

首都北京，中轴线北延长线的东侧，一座雍容大度、气势磅礴的地标建筑巍然矗立，这就是中国共产党历史展览馆。在展览馆的展柜里，各个时期的珍贵党章版本引人注目。

党章是党的总章程，对坚持党的全面领导、推进全面从严治党、加强党的建设具有根本性的规范和指导作用。

2022 年 9 月 9 日，习近平总书记主持召开中共中央政治局会议，研究包括《中国共产党章程（修正案）》稿在内的拟提请党的十九届七中全会讨论的文件。

会议指出："要把党的二十大报告确立的重大理论观点和重大战略思想写入党章，使党章充分体现马克思主义中国化时代化最新成果，充分体现党的十九大以来党中央提出的治国理政新理念新思想新战略，明确新形势下坚持和加强党的领导、推进全面从严治党的新要求，更好以伟大自我革命引领伟大社会革命。"

这是改革开放以来中国共产党第九次修改党章。现行党章是 1982 年 9 月党的十二大修改制定的。40 年来，在保持党章基本内容稳定的前提下，根据形势和任务的发展变化，党的十三大、十四大、十五大、十六大、十七大、十八大、十九大都对党章作了适当修改，及时把党的理论创新和实践发展的重大成果体现到党章中，使党章在推进党和国家事业、加强党的建设中发挥了重要指导作用。

党章的一次次修改，体现党的理论创新、实践创新和制度创新的时代特色；党章的一次次完善，彰显中国共产党人推陈出新、与时俱进的创造精神。

近年来，不少党员和党组织致电致函中央有关部门，以亲历者、实践者、追随者发自内心感受，盛赞党的十九大以来党和国家事业发展取得的重大成就，建议根据形势的发展变化和推进党的工作、加强党的建设的需要，在党的二十大对党章进行适当修改。

2022年1月，在党中央就党的二十大报告议题广泛征求意见过程中，许多地方和部门的党组织向党中央提出了同样的建议。

修改党章，事关战略全局，事关人民福祉，事关复兴伟业，必须十分慎重。以习近平同志为核心的党中央对修改党章高度重视，责成中央有关单位抓紧研究和论证。

在深入调研论证的基础上，5月27日，习近平总书记主持召开中央政治局会议。会议从党的事业和党的建设大局出发，作出党的二十大对党章进行适当修改的重大决定，并成立党章修改小组，在中央政治局常委会领导下工作。

党中央认为，综合考虑各方面因素，党的二十大对党章进行适当修改是必要的，也符合各级党组织和广大党员的意愿。

——修改党章是深入学习贯彻党的创新理论的需要。党中央认为，党的十九大以来，以习近平同志为核心的党中央集中全党智慧，推动习近平新时代中国特色社会主义思想取得新发展，开辟了马克思主义中国化时代化新境界。把党的十九大以来习近平新时代中国特色社会主义思想新发展写入党章，有利于全党增强学习贯彻党的创新理论的思想自觉、政治自觉、行动自觉，把习近平新时代中国特色社会主义思想贯彻落实到党和国家工作各方面全过程，让这一思想彰显出更加强大的真理力量和实践伟力。

——修改党章是推进党和国家事业发展的需要。党中央认为，党的十九大以来，以习近平同志为核心的党中央团结带领全党全军全国各族人民有效应对严峻复杂的国际形势和接踵而至的巨大风险挑战，攻克了许多长期没有解决的难题，办成了许多事关长远的大事要事，推动党和国家事业取得举世瞩目的重大成就，推动我国迈上全面建设社会主义现代化国家新征程。及时在党章中体现党中央治国理政新理念新思想新战略，有利于全党同志准确把握新时代新征程党和国家事业发展新要求，进一步坚定信心、锐意进取，不断夺取全面建设社会主义现代化国家新胜利。

——修改党章是深入推进新时代党的建设新的伟大工程的需要。党中央认为，党的十九大以来，以习近平同志为核心的党中央坚持党要管党、全面从严治党，贯彻新时代党的建设总要求，落实新时代党的组织路线，以党的政治建设统领党的建设各项工作，推动全面从严治党向纵深发展。通过不懈努力，党找到了自我革命这一跳出治乱兴衰历史周期率的第二个答案。把党的建设理论创新、实践创新、制度创新成果写入党章，有利于全党时刻保持解决大党独有难题的清醒和坚定，牢记全面从严治党永远在路上、党的自我革命永远在路上，健全全面从严治党体系，全面推进党的自我净化、自我完善、自我革新、自我提高，使我们党坚守初心使命，始终成为中国特色社会主义事业的坚强领导核心。

——修改党章是贯彻落实党的二十大精神的需要。党中央认为，党的二十大将全面总结新时代以来以习近平同志为核心的党中央团结带领全党全国各族人民坚持和发展中国特色社会主义取得的重大成就和宝贵经验，分析国际国内形势，全面把握新时代新征程党和国家事业发展新要求、全国各族人民新期待，制定行动纲领和大政方针。在党章中体现党的二十大报告的重要内容，有利于推动党的二十大精神贯彻落实。

党章修改小组有关负责人向新华社记者介绍，针对党章修改工作，党中央确定了这次修改党章的原则：坚持马克思列宁主义、毛泽东思想、邓小平理论、“三个代表”重要思想、科学发展观，全面贯彻习近平新时代中国特色社会主义思想；坚持发扬党内民主，集中全党智慧；保持党章总体稳定，只修改那些必须改的、在党内已经形成共识的内容，努力使修改后的党章充分体现马克思主义中国化时代化最新成果，充分体现党的十九大以来党中央提出的治国理政新理念新思想新战略，充分体现党的工作和党的建设的新鲜经验，以适应新形势新任务对党的工作和党的建设提出的新要求。

确定和坚持这样的原则，既有利于实现党章的与时俱进，又有利于保持党章基本内容的连续性和稳定性、维护党章的权威性。

5 月 30 日，北京中南海。党的二十大党章修改小组举行第一次全体会议，党章修改工作正式启动。

以习近平同志为核心的党中央把关定向，推动党章修改过程成为坚持党的领导、发扬党内民主、集中全党智慧的一次生动实践，充分彰显马克思主义政党实事求是的优良作风

2022 年 8 月的一天，当时正在单位忙工作的中共一大纪念馆宣传

教育部主任、党的二十大代表杨宇，接到了参加党章修正案稿征求意见座谈会的通知。

杨宇说起参加党章修改讨论的情景时仍十分振奋："那次会议气氛很热烈、很民主，大家带着对党和国家事业发展的思考，就党章修改充分讨论、各抒己见。"

杨宇深切体会到，党章修改的过程，是充分发扬党内民主的过程，凝聚了广大党员的智慧，体现了广大党员的愿望和心声。

在以习近平同志为核心的党中央坚强领导下，党章修改工作坚持高标准严要求，以优良的作风和精益求精的态度，扎实推进党章修改工作顺利进行，努力使修改后的党章更加适应新时代新征程党和国家事业发展的需要，成为一个与时俱进、符合党心民心的好党章，经得起历史、实践、人民检验。

——这是坚持党的领导的生动实践。以习近平同志为核心的党中央以伟大的历史主动精神、巨大的政治勇气、强烈的责任担当，在党章修改重大提法、重要节点上把关定向、把脉问诊。习近平总书记高度重视、亲力亲为，自始至终关心指导，多次作出重要指示、提出明确要求，先后 11 次主持召开中央相关工作会议，研究党章修改工作、审议党章修改相关文件。

习近平总书记多次强调，要以对党、对党的事业高度负责的精神做好党章修改工作。

"党章修改工作是党的二十大文件起草工作的重要组成部分。"7 月 21 日、28 日，中央政治局常委会会议、中央政治局会议先后审议党章修正案（送审稿），习近平总书记强调，要把党的十九大以来我们党推进新时代中国特色社会主义建设、推进新时代党的建设新的伟大工程的重要经验和理论概括体现到党章中，使之转化为全党的共同意志和共同遵循，把党的二十大报告稿提出的重要思想、重要观点、重大举措和这些年来实践证明是成熟的经验研究吸收好。习近平总书记还对做好党章修正案下发各地区各部门征求意见工作提出了明确要求。

9月7日、9日，习近平总书记先后主持召开中央政治局常委会会议、中央政治局会议审议党章修正案（讨论稿），强调要根据会议审议意见抓紧修改好相关文件，要求在提请党的十九届七中全会审议前，对各地区各部门反馈的意见再研究再吸收，在提法表述上作认真打磨，做到思想观点准确、新增内容稳妥、文字语意精准。中央政治局会议研究并通过了拟提请党的十九届七中全会讨论的党章修正案稿。

党的十九届七中全会期间，10月11日晚，中央政治局常委会会议对根据全会意见和建议作出修改后的党章修正案稿进行审议，习近平总书记对进一步做好党章修改工作提出明确要求。

党的二十大期间，党章修正案稿吸收与会代表提出的意见和建议，作了进一步修改完善。10月19日晚，习近平总书记主持召开大会主席团常务委员会第一次会议，听取党章修正案修改情况汇报，并作出重要指示。

——这是发扬党内民主的生动实践。党章修改工作坚持把发扬党内民主体现在各环节各方面，是否修改、修改什么、如何修改，都充分听取各级党组织和广大党员的意见，尊重和保障党员的知情权、参与权、表达权。

从中央领导同志到各地区各部门有关负责同志，再到党的十九大代表、新选出的党的二十大代表、基层党员干部，都一同参与到党章修改工作中，使这次党章修改成为发扬党内民主的一次生动实践。

习近平总书记高度重视党章修改征求意见工作，6月上旬至8月下旬，先后亲自主持召开5场座谈会，当面听取各省区市、军队单位主要负责同志意见，同大家就党章修改问题深入进行研究。

5月27日，党中央就党章修改工作向各地区各部门下发征求意见通知。各地区各部门按照中央通知要求，精心组织座谈，广泛征求意见和建议。

一份份建议、一条条意见，汇聚到党的中枢。

6月中旬，各地区各部门先后报送了108份书面报告，一致赞成对现行党章作适当修改并保持党章总体稳定，完全赞同党中央确定的修改原则，共提出修改意见和建议1929条。

8月4日，党中央将《中国共产党章程（修正案）》征求意见稿同党的二十大报告征求意见稿一道印发各地区各部门。这次征求意见，各省区市、各中央和国家机关部门、解放军各大单位和中央军委机关各部门党员负责同志，有关国有重要骨干企业、金融机构和高等学校党员主要负责同志，党的十九大代表和新选出的党的二十大代表全部参加了讨论，直接参加讨论的有4700多人。

8月下旬，各地区各部门向党中央报送了108份书面报告，一致赞成党章修正案征求意见稿所作的修改。一致表示就党章修改工作多次征求意见，是党中央充分发扬党内民主的具体体现，是集中全党智慧的重大举措。一致认为党章修正案充分体现了党的十九大以来以习近平同志为核心的党中央在理论创新、实践创新、制度创新上取得的新成果，较好反映了各地区各部门比较集中的意见。修改后的党章，党的领导更加凸显、思想理论更加充实、使命目标更加明确、制度体系更加科学、管党治党更加有力。

——这是集中全党智慧的生动实践。党章是我们党理论和实践的结晶，每一次修改都是对实践发展和理论发展的集中概括，每一个提法、每一个表述都要突出政治性、理论性、指导性。这就要求党章修改必须有效集中全党智慧，做到积极稳妥、务实严谨、精益求精。

“要本着适当修改的原则，对各级党组织和广大党员普遍要求修改、实践证明是成熟的就改，不成熟的意见不改，可改可不改的原则上不改。”习近平总书记在党章修改过程中反复强调这一重要原则。

每次中央政治局常委会会议和中央政治局会议审议党章修改方案后，党章修改小组都第一时间学习习近平总书记的重要指示精神，落实会议提出的重要意见。

每一条意见都要精心对待、每一处修改都要反复推敲、每一道程序都要认真履行、每一项工作都要及时到位，这是党中央的要求。

5月30日，党章修改小组第一次全体会议一结束，来自中央多个部门的工作班子成员就来到驻地，落实工作安排，明确具体任务、时间进度和工作要求；强化理论武装，认真学习党的创新理论，提高政治素养和理论水平。

6月中旬，对各地区各部门报送的报告夜以继日认真进行梳理，形成了700多页、36万多字的意见汇总本。

一条一条认真研究，一项一项仔细推敲。

在深入研究各地区各部门提出的修改意见和建议的基础上，提出了党章修改建议方案，对党章共作出48处修改，采纳或体现意见1447条。

8月下旬，对各地区各部门反馈的党章修正案征求意见稿修改意见和建议进行逐条梳理，按照党中央确定的原则，适当吸收比较集中的意见，对党章修正案作出6处修改，其中新修改4处，对上一轮修改内容的修改2处。

10月9日，党的十九届七中全会在北京召开。与会同志认真研究和讨论党章修正案稿，提出了很好的修改意见和建议，同时给予高度评价——

有的同志说，党章修正案稿充实了党的创新理论最新成果，实现了党章的又一次与时俱进；

有的同志说，仔细阅读了党章修正案稿，感到理论成果丰硕、目标任务清晰、内容修改准确、管党治党很严，相信一定会在推进新时代党的建设新的伟大工程中发挥重要作用。

10月11日晚，党的十九届七中全会召开期间，中央政治局常委会会议讨论通过了修改方案。全会通过了《中国共产党章程（修正案）》，决定提请党的二十大审议。

10月16日，党的二十大在北京召开。大会期间，各个代表团的代表、特邀代表，对党章修正案进行认真审议。代表们普遍认为，党章修正案顺应党心民心，顺应时代潮流，集中全党智慧，充分体现马克思主义中国化时代化最新成果，充分体现党的十九大以来以习近平同志为核心的党中央提出的治国理政新理念新思想新战略，充分体现党的工作和党的建设的新鲜经验，为规范各级党组织和党员干部行为、指导党的建设提供了新的指南，有利于全党更好地学习和遵守党章，更好地贯彻落实党的理论和路线方针政策。同时，代表们积极建言献策，提出了进一步修改的意见和建议，党章修改小组又进行了修改。经大会主席团常务委员会会议讨论通过，再次提请代表们审议。

修改党章是全党政治生活中的一件大事，也是一项严肃的政治任务。党章修改工作认真落实党中央确定的原则，坚持科学严谨的作风，对每一处修改甚至是一个标点符号的修改，都做到反复琢磨、反复研究、反复斟酌，力争准确、恰当、到位。在修改过程中，先后形成30多份党章修改稿，为提出适应推进党的工作、加强党的建设需要的党章修正案提供了坚实基础。

以习近平同志为核心的党中央继往开来，把党的理论创新、实践创新、制度创新成果写在党的旗帜上，充分彰显马克思主义政党守正创新的使命担当

“党的十九大以来，我们推进新时代中国特色社会主义建设、推进新时代党的建设新的伟大工程，都有不少新的重要经验和理论概括，应当体现到党章中，使之转化为全党的共同意志和共同遵循。”习近平总书记主持召开中央政治局会议审议党章修正案稿时作出重要指示，并强调：“这对于我们党在新时代新征程进一步提高执政能力和领导水平，更好领导党和国家事业，具有十分重大的意义。”

党的二十大通过的党章修正案，共修改 50 处，其中总纲部分的修改 37 处，条文部分的修改 13 处。

在 10 月 22 日的大会闭幕会上，辽宁省绥中县北河村党支部书记、村委会主任孙国华代表将手举得高高，为党章修正案郑重表达自己的完全赞成。

“党章修正案是党的自我革命的体现，是党的初心使命的写照。我要深入学习领会党章每一处修改内容，带头贯彻好党章。”孙国华说。

党的二十大代表一致表示，党章的每一处修改，都凝结着全党的智慧和心血，体现着党的十九大以来以习近平同志为核心的党中央在党的理论创新、实践创新、制度创新上的新成果，蕴含着对新时代新征程党和国家事业发展的新要求。

——充分体现马克思主义中国化时代化的新成果。

推进马克思主义中国化时代化是一个追求真理、揭示真理、笃行真理的过程。把党的十九大以来习近平新时代中国特色社会主义思想新发展写入党章，是这次党章修改的一个重点。

党的十九大以来，以习近平同志为核心的党中央坚持把马克思主义基本原理同中国具体实际相结合、同中华优秀传统文化相结合，提出一系列治国理政新理念新思想新战略，不断丰富和发展习近平新时代中国特色社会主义思想，开辟了马克思主义中国化时代化新境界。习近平新时代中国特色社会主义思想是当代中国马克思主义、二十一世纪马克思主义，是中华文化和中国精神的时代精华。在习近平新时代中国特色社会主义思想指导下，中国共产党领导全国各族人民实现第一个百年奋斗目标，开启了实现第二个百年奋斗目标新征程。党章总纲部分据此作出相应修改，进一步完善习近平新时代中国特色社会主义思想的科学内涵和历史定位，以更好反映以习近平同志为核心的党中央推进党的理论创新、实践创新、制度创新成果。

代表们一致认为，在党章中充实完善习近平新时代中国特色社会主义思想的科学内涵和历史定位的内容，反映了全党全国各族人民的共同心声和真诚愿望，有利于全党统一思想、统一行动，深入学习贯彻习近平新时代中国特色社会主义思想，更好发挥这一科学理论的根本指导作用。

——充分体现坚定历史自信、增强历史主动的新要求。

百年征程波澜壮阔，百年初心历久弥坚。

在百年奋斗历程中，我们党始终践行党的初心使命，团结带领全国各族人民书写了中华民族几千年历史上最恢宏的史诗，创造了一系列伟大成就，积累了宝贵历史经验。据此，党章修正案增写了党的初心使命、党的百年奋斗重大成就和历史经验的内容，并在总纲中单列一个自然段。

敢于斗争、敢于胜利，是党和人民不可战胜的强大精神力量。党和人民取得的一切成就，都是通过斗争取得的。党章修正案增写了发扬斗争精神、增强斗争本领的内容。

代表们一致认为，作这样的修改，对于激励全党坚定历史自信、增强历史主动，坚守初心使命、传承红色基因，把握新的伟大斗争的历史特点，团结带领全国各族人民夺取新时代中国特色社会主义新胜利，具有十分重大的意义。

习近平总书记在庆祝中国共产党成立一百周年大会上，代表党和人民作出实现了第一个百年奋斗目标、全面建成了小康社会、正在向着全面建成社会主义现代化强国的第二个百年奋斗目标迈进的庄严宣告，党章据此作出相应修改。

代表们一致认为，调整这些内容，有利于全党全面准确把握新时代新征程党和国家事业发展新要求，聚焦实现第二个百年奋斗目标、实现中华民族伟大复兴的中国梦，凝聚起全党全国各族人民共同奋斗的意志和力量。

——充分体现新时代坚持和发展中国特色社会主义的新举措。

党章修正案从新时代坚持和发展中国特色社会主义、推进党和人民事业长远发展的高度，调整完善了关于社会主义初级阶段方面的相关内容，充实了“五位一体”总体布局方面的内容，充实了国防和军队建设、统一战线、外交方面的内容，涉及改革发展稳定、内政外交国防、治党治国治军的方方面面。

实践没有止境，理论创新也没有止境。

全面建设社会主义现代化国家，以中国式现代化全面推进中华民族伟大复兴；把握新发展阶段、贯彻新发展理念、构建新发展格局、推动高质量发展，统筹发展和安全；逐步实现全体人民共同富裕，发展全过程人民民主；坚持政治建军、改革强军、科技强军、人才强军、依法治军，把人民军队建设成为世界一流军队；坚定不移贯彻“一个国家、两种制度”的方针，坚决反对和遏制“台独”；弘扬和平、发展、公平、正义、民主、自由的全人类共同价值，推动建设持久和平、普遍安全、共同繁荣、开放包容、清洁美丽的世界……都是党的创新理论的具体体现。

代表们一致认为，全面建设社会主义现代化国家，是一项伟大而艰巨的事业，前途光明，任重道远。把党的十九大以来习近平总书记提出的一系列治国理政新理念新思想新战略写入党章，有利于全党团结一致、勇毅前行，以奋发有为的精神把新时代中国特色社会主义推向前进。

——充分体现坚持党的全面领导、推进党的建设的新经验。

中国共产党是领导我们事业的核心力量，党的领导是实现中华民族伟大复兴的根本保证。党章修正案增写了坚持和加强党的全面领导、党是最高政治领导力量的内容。代表们一致认为，中国共产党领导是中国特色社会主义最本质的特征，是中国特色社会主义制度的最大优势，在党的根本大法中充实完善坚持党的全面领导的内容，对于充分发挥党总揽全局、协调各方的领导核心作用，把党的领导落实到党和国家事业各领域各方面各环节，具有重大意义。

打铁必须自身硬。党的十九大以来，我们党坚持以党的政治建设为统领，推动全面从严治党向纵深发展，党的建设取得许多新的重大成果和成功经验。

在总纲部分，增写了弘扬坚持真理、坚守理想，践行初心、担当使命，不怕牺牲、英勇斗争，对党忠诚、不负人民的伟大建党精神，以伟大自我革命引领伟大社会革命，必须提高政治判断力、政治领悟力、政治执行力，增强贯彻落实党的理论和路线方针政策的自觉性和坚定性，推进马克思主义中国化时代化，党的自我革命永远在路上，不断健全党内法规体系等内容；将坚持新时代党的组织路线作为党的建设的基本要求之一写入党章，使党的建设内容更加丰富、举措更加务实、要求更加严格。

在条文部分，增写学习党的历史，增强“四个意识”、坚定“四个自信”、做到“两个维护”，作为党员应尽的义务；顺应基层呼声，增写加强医院党的建设的内容，明确街道、乡、镇和村、社区党组织的地位和作用，完善国有企业党委（党组）加强党组织自身建设的职责任务；增写推进党史学习教育常态化制度化的内容，要求党的各级领导干部反对特权思想和特权现象；完善党的纪律相关内容，明确派驻纪律检查组的范围，充实纪委的主要任务和党组的职责定位……

代表们普遍认为，增写这些内容，有利于坚持和加强党中央集中统一领导、坚持不懈用习近平新时代中国特色社会主义思想凝心铸魂，有利于增强党组织政治功能和组织功能、坚持以严的基调强化正风肃纪、坚定不移推进全面从严治党。

党章，是一面光辉的旗帜，映射出一个矢志民族复兴伟业政党的强烈责任与历史担当，它将引领新征程、开辟新天地、走向新胜利。

一分部署，九分落实。党章的生命力在于执行。

中国共产党第二十次全国代表大会闭幕会通过关于《中国共产党章程（修正案）》的决议，要求全党必须深刻领悟“两个确立”的决定性意义，更加自觉地维护习近平总书记党中央的核心、全党的核心地位，更加自觉地维护以习近平同志为核心的党中央权威和集中统一领导，全面贯彻习近平新时代中国特色社会主义思想，坚定不移在思想上政治上行动上同以习近平同志为核心的党中央保持高度一致。

大会号召党的各级组织和全体党员在以习近平同志为核心的党中央坚强领导下，高举中国特色社会主义伟大旗帜，弘扬伟大建党精神，增强“四个意识”、坚定“四个自信”、做到“两个维护”，更加自觉地学习党章、遵守党章、贯彻党章、维护党章，为全面建设社会主义现代化国家、全面推进中华民族伟大复兴而团结奋斗！

（新华社北京2022年10月26日电　新华社记者张旭东、杨维汉、黄玥、罗沙）

让改革旗帜高高飘扬

——《中共中央关于全面深化改革若干重大问题的决定》诞生记

这是8500多万中国共产党人用使命和担当作出的战略抉择。

这是13亿中国人民以智慧和力量写就的改革宣言。

2013年11月12日，全世界的目光聚焦在中国，北京，人民大会堂。

下午3时，中国共产党第十八届中央委员会第三次全体会议举行闭幕会，出席全会的中央委员经表决，一致通过了《中共中央关于全面深化改革若干重大问题的决定》。

当中共中央总书记习近平宣布《决定》通过时，会场上响起了热烈的掌声。

这是一份具有里程碑意义的宣言书，对中国走什么路、向何处去这个带有方向性、战略性的重大问题作出了旗帜鲜明的回答：高举改革开放旗帜、努力开拓中国特色社会主义事业更加广阔的前景。

这是一份具有划时代意义的蓝图，对在新的历史起点上全面深化改革作出战略部署，在理论上有一系列重大创新，在实践上有一系列重大突破，为实现中华民族伟大复兴的中国梦，勾勒出改革路线图和时间表。

新世纪新阶段，人民共和国的改革开放航船，沿着党的十一届三中全会以来开辟的正确航道，又一次扬帆起航。

肩负伟大使命　回应时代要求

——确定党的十八届三中全会重点研究全面深化改革问题，充分体现了以习近平同志为总书记的党中央高举改革开放旗帜的坚定意志

站在历史和未来的交汇处，有着强烈使命感的中国共产党，引领着拥有伟大复兴梦想的中华民族，继往开来，接力奋斗，开启了一个新的伟大征程。

“制定出一个好文件，只是万里长征走完了第一步，关键还在于落实文件，真正把全会精神转化成改造现实世界的强大力量。”党的十八届三中全会第二次全体会议上，习近平总书记沉着雄浑的话语，向全党全国各族人民发出了全面深化改革的动员令。

整整一年之前，也是深秋初冬的季节。人民大会堂东大厅里，以习近平同志为总书记的党中央向人民、向世界庄严承诺——

“党领导人民已经取得举世瞩目的成就，我们完全有理由因此而自豪，但我们自豪而不自满，决不会躺在过去的功劳簿上……”

党的十一届三中全会以来的35年，中国共产党团结带领中国人民，在改革开放的时代洪流中搏击风浪，创造出世所罕见的发展奇迹。

“在中国共产党成立一百年时全面建成小康社会”，“在新中国成立一百年时建成富强民主文明和谐的社会主义现代化国家”——站在新的历史起点上，党的十八大立足于“三步走”战略，明确提出“两个一百年”奋斗目标。

今天，我们比历史上任何时期都更接近于前人孜孜以求的实现中华民族伟大复兴的目标——

距离全面建成小康社会还有7年！

中国改革开放走过了35年，今天距离实现第二个百年目标也大致还有35年！

时不我待。今天，中国航船领航者肩负的使命，重大而紧迫。

党的十八届三中全会选择一个什么样的重大课题，党内外、国内外都极为关注。党的十八大闭幕后，以习近平同志为总书记的党中央进行了深入思考和研究。

当代中国处于民族复兴的关键时期，当今世界处于格局演变的重要阶段。

放眼世界，国际体系酝酿深刻变革，综合国力竞争空前激烈。

审视自我，重要战略机遇期稍纵即逝，机遇和挑战并存。旧的问题解决了，新的问题又产生了，其复杂性、艰巨性、敏感性前所未有。

中国特色社会主义正在经受现实挑战。

中国特色社会主义必须激发更大活力。

党的十八大结束不到一个月，2012年12月，习近平总书记第一次到外地调研，就来到了广东深圳。8日上午，莲花山公园，习近平总书记向邓小平铜像敬献花篮。习近平总书记坚定地表示，我们来瞻仰邓小平铜像，就是要表明我们将坚定不移推进改革开放，奋力推进改革开放和现代化建设取得新进展、实现新突破、迈上新台阶。

2012年12月31日，中共中央政治局就坚定不移推进改革开放进行第二次集体学习。习近平总书记强调，改革开放是一项长期的、艰巨的、繁重的事业，必须一代又一代人接力干下去。必须坚持社会主义市场经济的改革方向，坚持对外开放的基本国策，以更大的政治勇气和智慧，不失时机深化重要领域改革，朝着党的十八大指引的改革开放方向奋勇前进。

时代的课题，摆在了以习近平同志为总书记的党中央面前。

——全面建成小康社会、加快推进社会主义现代化的宏伟蓝图，要求全面深化改革；

——坚持和发展中国特色社会主义，要求全面深化改革；

——解决中国发展面临的一系列突出矛盾和挑战，实现经济社会持续健康发展，要求全面深化改革；

——顺应时代潮流，满足人民期待，保持党和国家生机活力，要求全面深化改革……

2013 年 4 月，新一届国家机构换届选举刚刚完成。中共中央政治局从历史经验和现实需要的高度，作出了一项意义重大而深远的历史决策——党的十八届三中全会重点研究全面深化改革问题并作出决定。

冲破思想观念障碍，突破利益固化藩篱，只有中国共产党人才有自我革新的勇气和胸怀。

中共中央政治局同时批准成立党的十八届三中全会文件起草组，由习近平总书记亲自担任组长。这是进入新世纪以来党的最高领导人首次担任全会文件起草组负责人，彰显了党中央对全面深化改革的高度重视。

这充分体现了以习近平同志为总书记的党中央高举改革开放旗帜的坚定意志。这种坚定来自对 35 年改革开放成功经验的深刻总结，来自对我国基本国情和形势变化的清醒认识，来自对中国特色社会主义的自信。

4 月 20 日，中共中央向各省、自治区、直辖市，中央和国家机关，解放军和各人民团体发出通知，征求全面深化改革的意见。不到一个月的时间里，118份意见和建议从全国各地汇集到北京。从上到下、自下而上，成千上万条关于深化改革开放的意见和建议反映上来。

广东、河北、甘肃、海南、天津、四川、湖北、辽宁、湖南……党的十八大以来，习近平总书记调研的足迹遍及大江南北，遍及社区、乡村、企业、学校。他以深邃的洞察力和高屋建瓴的战略眼光，提出了全面深化改革需要调查研究的6个重大问题——

进一步形成全国统一的市场体系，形成公平竞争的发展环境；进一步增强经济发展活力，为实现经济持续健康发展提供不竭动力；进一步提高宏观调控水平，提高政府效率和效能；进一步增强社会发展活力，促进社会和谐稳定；进一步实现社会公平正义，通过制度安排更好保障人民群众各方面权益；进一步提高党的领导水平和执政能力，充分发挥党总揽全局、协调各方的作用。

这6个重要课题，直指中国改革发展的关键。

今天的改革，复杂程度、艰巨程度、敏感程度，丝毫不亚于35年前。

“我们在研究和思考全面深化改革问题时对此必须有充分的思想准备。”习近平总书记语重心长告诫全党。

随着调研的不断深入，随着认识的逐步提升，全面深化改革的基本遵循逐渐清晰了起来。

——必须坚定深化改革的信心。坚持党的基本路线不动摇，坚持党的十一届三中全会以来的路线方针政策不动摇。矛盾越多、难度越大，越要与时俱进、攻坚克难。

——必须坚持深化改革的正确方向。增强战略定力，创新具体方法，坚持核心立场，从纷繁复杂的事物表象中把准改革脉搏，在众说纷纭的建议中开好改革药方。

——必须凝聚深化改革的共识。找出最大公约数，在深化改革上形成聚焦点。对一些领域的改革通过试点先行，逐步解决思想认识上的差异。

——必须注重深化改革的统筹谋划。在进行战略全局的思考中，对完善经济体制、政治体制、文化体制、社会体制、生态文明体制作出科学的顶层设计，提出改革的总体方案、路线图、时间表。

——必须协同推进各项改革。加强对各项改革关联性的研判，努力做到全局和局部相配套、治本和治标相结合、渐进和突破相衔接。

……

35 年前，党的十一届三中全会如平地惊雷，打破坚冰，开启波澜壮阔的改革开放航程。

今天，宏伟壮丽的改革事业又一次到了关键时刻，决定着中华民族复兴伟业的圆梦蓝图正在徐徐展开。

充分发扬民主　深入调查研究

——《决定》起草工作，始终在中共中央政治局常委会直接领导下进行，在亿万人民的伟大实践中寻找答案

起草一份立意高远、思想深刻、观点鲜明、措施明确的改革文件，成为党的十八届三中全会能否顺利召开、全面深化改革能否顺利推进的关键环节。

从 4 月 24 日文件起草组第一次全体会议，到 11 月 9 日党的十八届三中全会召开，《决定》稿起草工作历经了整整 200 个日夜。

逐条、逐句、逐字，习近平总书记对文件起草组上报的每一稿，都认真审阅，提出许多重要修改意见，倾注了大量心血。

全会召开前的 6 个多月时间里，习近平总书记先后 3 次主持中共

中央政治局常委会会议、2 次主持中共中央政治局会议、多次主持文件起草组全体会议，研究部署起草工作，讨论审议《决定》稿。

中共中央政治局常委会其他同志也十分关心《决定》稿起草工作，分赴全国各地开展调查研究，多次作出重要指示，对《决定》稿起草提出了重要意见。

解放思想和实事求是相统一，承前继往和启后开来相统一。

文件起草组第一次全体会议上，习近平总书记要求，充分认识新时期改革的历史特点、现实条件、具体任务，人民群众对改革的新期待、新要求，对今后一段时期全面深化改革作出战略部署。

文件起草组按照习近平总书记“加强学习、提高水平，深入调研、深入思考，发扬民主、充分讨论，集中精力、全力以赴”的要求，以高度的历史使命感和政治责任感投入到工作中。

夜以继日、连续奋战，驻地的灯火彻夜长明。60 多位文件起草组成员对《决定》稿框架反复进行集中讨论研究。

4 月底到 7 月初，习近平总书记多次主持召开文件起草组全体会议，就《决定》稿涉及的重大理论和现实问题逐一分析研究，发表重要指导性意见。

《决定》稿要经得起人民的检验。习近平总书记明确要求，要把握全党全社会关注的重点，回答各方面问题和关切，研究提出改革总体设计和针对性举措，明确改革的战略目标、战略重点、优先顺序、主攻方向、工作机制、推进方式。

《决定》要经得起实践的检验。习近平总书记明确要求，重大改革举措牵一发而动全身，一旦出现偏差纠正很难，必须反复论证，使之行之有效、行之久远，不能随意“翻烧饼”，要坚持摸着石头过河，胆子要大、步子要稳，改革重大举措多听各方意见，最后是政治决断。

《决定》要经得起历史的检验。习近平总书记明确要求，要自觉从大局出发思考问题。改革举措要慎重，但不能什么都不敢干，没有风险的改革是不存在的。不改革，发展难度更大。

深入思考、重点研究，不断深化、不断细化、不断系统化……《决定》稿在多次讨论和修改中渐具雏形。

改革开放是亿万人民自己的事业。越是重要的改革举措，越要深入研究，力求经得起实践、人民、历史的检验。

7 月 22 日，农历大暑时节，习近平总书记来到湖北武汉农村综合产权交易所调研。在交易所大厅，他向工作人员详细了解涉农产权交易尤其是土地流转交易情况。

习近平总书记强调，这是一个积极探索。如何在坚持农村土地集体所有性质的前提下完善联产承包责任制，既保障基本农田和粮食安全，又通过合乎规范的流转增加农民收入？一系列问题在下一步改革中要好好研究。

为了深入弄清情况，文件起草组立即成立专题调研小组，并委托有关单位，进农村，访农民，开展有关农村土地问题专题调研。

不能刻舟求剑、不能闭门造车、更不能异想天开。

制定深化改革思路，出台重大改革举措，必须沉下来、钻进去，全面调研，在亿万人民的伟大实践中寻找答案。

文件起草组直接调研、委托部门和机构调研、听取专家意见、旁听政协会议……一个个重大改革命题，正是在这样的调研过程中不断得出答案。

7 月 25 日，中南海勤政殿，中共中央政治局常委会会议，《决定》送审稿摆在了每一位常委同志面前。

会议充分肯定文件起草组工作，要求继续深入研究，对重大改革举措反复论证，增强可操作性，着力解决影响和制约科学发展的重大问题、紧迫问题。

在调研中把握方向，在修改中不断完善。《决定》稿的起草是反复锤炼、不断升华的过程。

讨论、研究、起草；

再讨论、再研究、再修改……

半年多时间，80 余次分组会议。文件起草组对《决定》稿反复修改，从重大表述、重大举措，到文字表述、遣词用句，一一认真推敲、细致打磨，力争每句话都论据充分、精益求精。

改革的文件，要坚持改革的性质；改革的文件，要突出改革的举措。按照习近平总书记“不‘十全大补’、不面面俱到”的要求，文件起草组坚持“三不写”：一般性的举措不写；重复性的举措不写；纯属发展性的举措不写。

科学决策、民主决策。《决定》的形成过程集中了全党全社会智慧，是充分发扬民主的典范。

根据中共中央政治局会议决定，9 月 4 日，《决定》征求意见稿下发中央党政军机关和地方 100 多个单位，广泛征求各方面意见。

从党和国家领导岗位上退下来的老同志也对《决定》征求意见稿提出了意见和建议。

9 月 17 日下午，习近平总书记主持召开座谈会，听取各民主党派、全国工商联负责人和无党派人士对《决定》稿的意见和建议。

坦诚直言，各抒己见……同中国共产党肝胆相照、荣辱与共的党外人士，表示对全会充满信心和期待，并对《决定》稿提出意见和建议。习近平总书记认真记录，不时插话，同大家一起讨论。

习近平总书记希望，党外人士把思想和行动统一到中共中央决策部署上来，为深化改革凝聚广泛共识、汇聚强大力量，在深入开展调研的基础上提出具有前瞻性、战略性、可操作性的意见和建议。

涓涓细流，汇聚成河。

从9月初《决定》征求意见稿下发，广泛征求各方面意见起，不到一个月，文件起草组共收到总计2564条意见和建议。

选其要者，择其大端。文件起草组形成提交全会审议的文件稿，充分吸收了关注度高、对全面深化改革有重大推动作用的意见和建议。

反馈意见的吸收率超过40%；增写、改写、文字精简等修改共539处；覆盖114个单位，8个民主党派中央、全国工商联和无党派人士的1120多条意见和建议……

10月29日，中共中央政治局会议听取了《决定》稿在党内外征求意见的情况报告，赞成文件起草组根据各方面意见和中共中央政治局常委会会议精神对《决定》稿所作的修改，决定根据这次会议讨论的意见进行修改后将文件稿提请党的十八届三中全会审议。

11月9日，党的十八届三中全会在北京举行。习近平总书记就《决定》讨论稿向全会作了说明。

出席全会的204名中央委员、169名候补中央委员，对《决定》讨论稿进行了充分讨论。会场内，审议认真热烈；会场外，整理意见工作同步进行——

文件起草组召开全体会议，对全会各组提出的意见和建议进行认真研究，对《决定》稿作出修改。

11日晚，习近平总书记主持中共中央政治局常委会会议，听取全会各组意见和文件起草组修改建议，对修改后的《决定》稿进行审议。形成的修改稿于12日上午再次提交全会分组征求意见。

12日上午，根据全会分组讨论的意见和建议，《决定》稿再次作出修改。

12 日下午 3 时，散发着墨香的《决定（草案）》摆在每一位中央委员、候补中央委员的座席上。几上几下、反复修改的《决定（草案）》，对历史和实践进行了科学总结，凝聚着集体智慧，获得全会一致通过。

切中时代脉搏　引领时代前进
——《决定》体现了党中央全面深化改革的大思路、大战略、大举措、大突破，是指导我国改革发展里程碑式的纲领性文献

“这是最后的斗争，团结起来到明天，英特纳雄耐尔就一定要实现！”

11 月 12 日 16 时 40 分，党的十八届三中全会在圆满完成各项议程后落下帷幕。《国际歌》声响彻人民大会堂。

世界从这激昂的歌声中可以感到：中国共产党人正坚定不移高举改革开放旗帜奋勇前进。

没有改革开放，就没有中国的今天，也就没有中国的明天。

《决定》深刻阐述了在新的历史起点上全面深化改革的重大意义，全面总结了改革开放 35 年来的伟大成就和重要经验，鲜明提出了全面深化改革的指导思想、总体思路、主要任务、重大举措。

这是我国发展新阶段全面深化改革的行动纲领，是一篇充满着马克思主义光芒的历史性文献。

改革，当代中国最鲜明的特色；

改革，中国共产党最鲜明的旗帜。

《决定》共 16 个部分、60 条、300 多项改革举措，在理论和实践上取得一系列重大创新：

——《决定》明确了全面深化改革的总目标，体现了中国共产党人的政治勇气：完善和发展中国特色社会主义制度，推进国家治理体系和治理能力现代化。

从“管理”到“治理”，一字之变，这是我们党在理论和实践上的重大创新。就是要通过全面深化改革，使经济、政治、文化、社会、生态文明和党的建设等各方面制度和体制机制更加科学、更加完善，实现党和国家事务制度化、规范化、程序化，把各方面制度优势转化为管理经济社会事务的效能。

——《决定》指明了全面深化改革的任务，体现了中国共产党人的高超智慧：坚持社会主义市场经济改革方向，紧紧围绕使市场在资源配置中起决定性作用深化经济体制改革。

从“市场在资源配置中起基础性作用”到“市场在资源配置中起决定性作用”，一词之别，是我们党在理论和实践上的又一重大飞跃。这是因为经济体制改革仍然是全面深化改革的重点，经济体制改革的核心问题仍然是处理好政府和市场关系。从党的十四大以来的 20 多年间，对政府和市场的关系，我们党一直在根据实践拓展和认识深化寻找新的科学定位。现在，主客观条件具备，我们应该在完善社会主义市场经济体制上迈出新的步伐。

——《决定》指出了全面深化改革的目的，体现了中国共产党人的必胜信心：进一步解放思想、解放和发展社会生产力、解放和增强社会活力。

三个方面相互联系、相互促进、有机统一。《决定》强调三个“进一步解放”，目的就是通过全面深化改革，努力营造有利于思想解放、有利于社会生产力解放、有利于一切创新创造活力充分释放的体制机制和社会环境。

——《决定》部署了全面深化改革的重点，体现了中国共产党人的坚强决心：必须以经济体制改革为重点、发挥经济体制改革牵引作用。

这次会议确定的主题是全面深化改革，同时突出强调以经济体制改革为重点，发挥经济体制改革牵引作用。之所以如此，主要考虑是，当前我国存在的问题，根本上说还是发展问题。

——《决定》提出了全面深化改革的出发点和落脚点，体现了中国共产党人的崇高理念：全面深化改革必须以促进社会公平正义、增进人民福祉为出发点和落脚点。

面对人民群众公平意识、民主意识、权利意识不断增强，通过全面深化改革，建立健全以权利公平、机会公平、规则公平为主要内容的社会公平保障体系，保证和实现人民平等参与、平等发展权利，使我们的制度和体制机制更加体现公平正义的原则，更加有利于实现和维护最广大人民的利益。

——《决定》阐释了全面深化改革的根本保证，体现了中国共产党人的不竭力量：必须紧紧依靠人民推进改革。

只有坚持党的群众路线，站在人民的立场上把握和处理改革涉及的重大问题，从人民利益出发谋划改革思路、制定改革举措，才能让改革获得不竭的力量源泉和根本保证。

改革，是决定当代中国命运的关键一招，也是决定实现“两个一百年”奋斗目标、实现中华民族伟大复兴的关键一招。

机遇和挑战，总在复杂的形势中交织；

勇气和担当，总在伟大的变革中彰显。

——党的十八届三中全会，彰显的是中国共产党人的宽广眼界。习近平总书记指出，面对日益激烈的综合国力竞争，我们的事业就如同逆水行舟、不进则退。我们必须正确认识国际国内形势新变化，自党适应实现全面建成小康社会目标新要求，把握住、利用好发展机遇，看得到、应对好风险挑战，以更加坚定的信心、更加有效的举措推进改革开放。

——党的十八届三中全会，彰显的是中国共产党人的责任担当。习近平总书记指出，中国改革已进入攻坚期和深水区。这是因为，当前改革需要解决的问题格外艰巨，都是难啃的硬骨头。我们要坚持改革开放正确方向，敢于啃硬骨头，敢于涉险滩，敢于向积存多年的顽瘴痼疾开刀，切实做到改革不停顿、开放不止步。

——党的十八届三中全会，彰显的是中国共产党人的政治坚定。习近平总书记指出，我们的改革是在中国特色社会主义道路上不断前进的改革，既不走封闭僵化的老路，也不走改旗易帜的邪路。我们不断推进改革的目的，是要不断解放和发展社会生产力，实现国家现代化，让中国人民富裕起来，振兴伟大的中华民族；是要推动我国社会主义制度自我完善和发展，赋予社会主义新的生机活力，建设和发展中国特色社会主义；是要在引领当代中国发展进步中加强和改进党的建设，保持和发展党的先进性，确保党始终走在时代前列。这样的立场始终不能动摇。

——党的十八届三中全会，彰显的是中国共产党人的辩证思维。习近平总书记指出，中国是一个大国，决不能在根本性问题上出现颠覆性错误，一旦出现就无法挽回、无法弥补。我们的立场是胆子要大、步子要稳，既要大胆探索、勇于开拓，也要稳妥审慎、三思而后行。

——放眼世界，放眼未来，放眼当下，《决定》部署了全面深化改革的重点任务和重大举措，展示了中国共产党人冲破思想观念的束缚、突破利益固化的藩篱、推动中国特色社会主义制度自我完善和发展的决心和魄力。

新思想、新论断、新表述、新举措，《决定》具有深刻的理论基础、坚实的实践基础、广泛的社会基础，体现了中国共产党人在改革问题的高度自觉和坚持中国特色社会主义的道路自信、理论自信、制度自信。

咬定青山不放松。中国特色社会主义萌发于改革开放，形成于改革开放，也将更加成熟于改革开放。

再回眸，伟大民族，百年沧桑；

共憧憬，复兴梦圆，辉煌在望。

在我国进入全面建成小康社会决定性阶段的历史节点上，面对到2020年的改革时间表，在中国共产党带领下，亿万中国人民团结一心、不懈奋斗，沿着伟大的中国道路，实现伟大的中国梦，必将开拓中国特色社会主义事业更加广阔的前景，必将成就人类文明进步新的伟大传奇。

（新华社北京2013年11月18日电　新华社记者秦杰、徐京跃、霍小光、华春雨）

厉行法治的航标 依法治国的宣言

——《中共中央关于全面推进依法治国若干重大问题的决定》诞生记

这是中国共产党依法治国的宣言。

这是建设社会主义法治国家的号角。

2014 年 10 月 23 日，中国共产党第十八届中央委员会第四次全体会议胜利闭幕。经过出席全会的中央委员表决，一致通过了《中共中央关于全面推进依法治国若干重大问题的决定》。

一系列新思想新观点，180 多项重大改革举措——全会决定鲜明提出了“建设中国特色社会主义法治体系，建设社会主义法治国家”的命题，在中国共产党领导 13 亿中国人民实现“两个一百年”奋斗目标、实现中华民族伟大复兴中国梦的征程上，写下了浓墨重彩的时代华章。

为子孙万代计 为长远发展谋

——确定党的十八届四中全会重点研究全面推进依法治国问题，彰显了以习近平同志为总书记的党中央推进依法治国、坚持和拓展中国特色社会主义法治道路的坚定决心

走过近代百年的屈辱，经过新中国 65 年发愤图强的奋斗，迎来民

族复兴的曙光。今日中国，已经行进至实现现代化关键一跃的历史节点。

执政的中国共产党，如何回应时代提出的课题？

第一次专门研究法治建设的中央全会，第一个关于加强法治建设的专门决定，党的十八届四中全会召开，在建设社会主义法治国家的征程上树起一座新的里程碑。

党的十八大以来，中国面对的改革发展稳定任务之重前所未有，矛盾风险挑战之多前所未有，人民群众对法治的期待和要求之高前所未有。

站在历史和未来的交汇处，肩负全面建成小康社会的历史重任，以习近平同志为总书记的党中央，对全面推进依法治国进行着深邃思考——

距离2020年实现全面建成小康社会仅有短短6年时间。全面建成小康社会之后，路该怎么走？如何跳出“历史周期率”，实现党和国家长治久安？

近代以后，中国一些仁人志士对厉行法治进行过多次探索。然而，从康有为、梁启超领导的戊戌变法失败，到孙中山领导下制定的《中华民国临时约法》被废除——法治未曾在中国得到践行。

直到中华人民共和国成立，才为社会主义法治奠定了根本的政治制度和社会基础，中国共产党带领人民走上了探索实行社会主义法治的道路。

法治兴则国家兴，法治衰则国家乱。

历史一再证明：什么时候重视法治、法治昌明，什么时候就国泰民安；什么时候忽视法治、法治松弛，什么时候就国乱民怨。

未来提出要求：法治是治国理政不可或缺的重要手段，全面推进依法治国是关系党执政兴国的根本性问题。

习近平总书记一语中的：全面建成小康社会，全面深化改革，推进国家治理体系和治理能力现代化，必须坚持依法治国，为党和国家事业发展提供根本性、全局性、长期性的制度保障。

以习近平同志为总书记的党中央，以实现党的十八大提出的全面推进依法治国、建设社会主义法治国家为己任，统筹谋划、积极推进。

这是科学系统的布局——

党的十八大闭幕后不久，2012年12月4日，习近平总书记出席首都各界纪念现行宪法公布施行30周年大会并发表重要讲话，明确提出“坚持依法治国、依法执政、依法行政共同推进，坚持法治国家、法治政府、法治社会一体建设”的重大论断。

这是蹄疾步稳的推进——

随着新一届党中央治国理政全面展开，特别是党的十八届三中全会作出全面深化改革重大部署后，如何把依法治国放在党和国家工作大局中来考虑、来谋划、来推进，成为党中央议事日程中的重要内容。

党的十八届三中全会召开仅两个月，全面深化改革各项任务正陆续展开，2014年1月，中央政治局就作出决定：党的十八届四中全会要重点研究全面推进依法治国问题。

党中央决定成立文件起草组，由习近平总书记担任组长，张德江、王岐山同志担任副组长。这是继担任党的十八届三中全会文件起草组组长之后，习近平总书记又一次担任党的中央全会文件起草组组长。来自有关部门和地方的几十位同志参加文件起草组工作。

党的十八届四中全会筹备和全会文件起草工作由此拉开序幕。

1月27日，党中央向各省、自治区、直辖市党委，中央各部委，国家机关各部委党组（党委），解放军各总部、各大单位党委，各人民团体党组发出《关于对党的十八届四中全会研究依法治国问题征求意见的通知》。

2月12日，习近平总书记主持召开了党的十八届四中全会文件起草组第一次全体会议。他明确指出，依法治国是事关党和国家长治久安、人民安康幸福的重大战略问题，也是从坚持和发展中国特色社会主义出发，在国家治理上提出的重大战略任务。

习近平总书记强调，党中央决定党的十八届四中全会以全面推进依法治国为主要议题，是基于以下基本考虑：

——全面推进依法治国，是落实党的十八大和十八届三中全会确立的目标任务的现实要求；

——全面推进依法治国，是推动经济社会持续健康发展、促进社会公平正义的根本要求；

——坚持党的领导、人民当家作主、依法治国有机统一，需要从全局的高度作出总体部署；

——面对人民对加强社会主义法治的期待，必须高举依法治国大旗，确保法治建设正确方向。

以党的十八届四中全会为起点，社会主义法治国家建设步入了全面推进的新阶段。

智慧的凝聚 民主的彰显

——全会决定起草工作始终在习近平总书记和中央政治局常委会领导下进行，始终坚持充分发扬民主、深入调查研究，充分体现了党和人民共同意志

出台一份立足我国法治实际、把准时代脉搏、适应事业发展要求、符合广大人民意愿、引领法治前行的好文件，是全会能够顺利召开、

全面推进依法治国能够迈出实质步伐的关键。

从文件起草组召开第一次全体会议到党的十八届四中全会开幕，251个日日夜夜，习近平总书记为文件起草工作倾注了大量心血，对文件起草组上报的每一稿都认真审阅。其间，总书记先后3次主持召开中央政治局常委会会议、2次主持召开中央政治局会议，对全会决定起草提出一系列重要指导性意见。

全面推进依法治国是系统工程，必须整体考虑、统筹谋划。

在文件起草组第一次全体会议上，习近平总书记深刻论述了全面推进依法治国的重大现实意义和深远历史意义，深入剖析了当前立法、执法、司法、守法等方面存在的突出问题，提出文件起草工作必须遵循的基本要求——

“就全面推进依法治国提出指导思想、基本方针、奋斗目标，明确战略重点、主要任务、重大举措，为实现社会公平正义、建设法治中国提供根本指引”。

总书记的重要讲话，为全会决定起草工作指明了方向。

全面推进依法治国涉及许多重大理论和实践问题。

“我们要紧紧围绕科学立法、严格执法、公正司法、全民守法和队伍建设、党的领导进行部署，体现法治工作的基本格局，涵盖全面推进依法治国的重要方面。我们要坚持问题导向，着眼于法治领域广大干部群众反映强烈的问题，着眼于国家治理法治化，提出一些新思想、新观点、新举措。要体现全面建成小康社会、全面深化改革、全面推进依法治国这‘三个全面’的逻辑联系，既解放思想、与时俱进，又能够坚持从实际出发、不照搬照抄别国模式，做到理论和实践相统一。”这是习近平总书记对文件起草组反复提出的要求。

习近平总书记在文件起草组会议上多次强调，全面推进依法治国涉及许多重大理论和实践问题，这些问题对我们来讲不少也是新课题。能不能从理论上、实践上对这些重大问题作出科学回答，是影响全会决定起草工作成效的关键。我们要运用马克思主义基本原理，运用中国特色社会主义理论体系的立场观点方法，运用党的十八大以来党中央提出的重大方针政策精神，总结社会主义法治建设经验，汲取中华法律文化精华，学习借鉴国外法治有益成果，努力把全会决定涉及的重大问题研究透彻、阐述清楚，使全会决定经得起推敲、经得起检验。

为了把问题找准、把解决问题的办法研究透彻，文件起草组组成 8 个调研组赴东中西部 14 个省区市开展调研。

听取领导同志意见，向专家学者问计，向基层干部群众请教，深入最基层的社区警务室、乡镇基层法庭，深入企业、学校、科研院所……各种座谈会就召开 45 次。

大量第一手材料为起草好全会决定提供了重要参考。

一条条意见和建议从四面八方汇集而来。各地区各部门提出了 45 万多字的书面建议。全国人大常委会、中央政法委、最高人民法院、最高人民检察院、公安部、司法部、国务院法制办等单位还提交了专题研究报告。

从初春到盛夏，北京，万木葱茏，生机盎然。

在前期充分调研基础上，文件起草组遵照习近平总书记要求，认真听取各方面意见，深入研究问题，反复评估论证。

讨论、起草、修改，再讨论、再修改……从最初的文件提纲，到框架方案，再到文件送审稿，全会决定主题更加鲜明，重点更加突出，逻辑更加严密，措施更加到位，语言更加洗练。

在起草过程中，习近平总书记始终强调，必须充分发扬民主，广泛听取意见。

8月初，中央办公厅向各省区市，中央和国家机关，人民解放军和各人民团体印发了全会决定征求意见稿。

8月19日，习近平总书记主持召开座谈会，听取各民主党派中央、全国工商联负责人和无党派人士对全会决定稿的意见和建议。

涓涓细流，汇成江海。

根据统计，全会决定稿征求意见3326人。经汇总，文件起草组收到的意见和建议2058条，其中党外人士提出66条，扣除重复的总计1815条。根据这些意见和建议，文件起草组对全会决定作出260多处修改。

9月30日，经过修改的全会决定稿提交中央政治局会议审议。会议认为文件基本成熟，决定提交党的十八届四中全会审议。

全会召开期间，在习近平总书记主持下，文件起草组根据与会同志审议讨论意见，对全会决定又两上两下进行多处修改。

10月23日下午3时，散发墨香的全会决定草案摆放在出席会议的每一位中央委员、候补中央委员座席前。这份凝聚全党全军全国各族人民智慧的决定获得一致通过。

清晰的蓝图　有力的引领
——坚定不移走中国特色社会主义法治道路，旗帜鲜明回答依法治国的重大理论和实践问题，廓清了前进道路上的思想迷雾

道路决定命运，道路开创未来。

习近平总书记深刻指出，全面推进依法治国，必须走对路。路错了，提什么要求和举措都没有意义。道路问题不能含糊，必须向全党全社会释放正确而又明确的信号。

中国应该走一条什么样的法治道路，党的十八届四中全会作出明确回答：

新中国成立65年，改革开放36年，法治建设取得的成就归结起来就是一条——开辟了中国特色社会主义法治道路，这条道路是中国特色社会主义道路的重要组成部分。

坚持中国特色社会主义法治道路，最根本的是坚持中国共产党的领导。

——鲜明的中国特色、实践特色、时代特色，这是一条既立足中国基本国情，又借鉴国外法治文明有益成果的正确之路，一条建设中国特色社会主义法治体系、建设社会主义法治国家的必由之路。

中国特色社会主义法治道路，犹如一条红线，贯穿全面推进依法治国的总目标、总任务、总布局，使全会决定三大板块、七个部分形成有机整体。

围绕红线，全会决定深刻阐述了全面推进依法治国的一系列重大理论和实践问题，指明了全面推进依法治国的根本路径，澄清了社会上一些长期存在的模糊认识。

全面推进依法治国、全面深化改革、全面建成小康社会“三个全面”的逻辑联系愈发清晰——

从党的十八届三中全会开启全面深化改革的闸门，到党的十八届四中全会高举全面推进依法治国的旗帜，两次全会、两大主题、两份决定，以习近平同志为总书记的党中央治国理政总体战略在时间轴上顺序展开，在逻辑层面环环相扣，形成了推动实现全面建成小康社会蓝图的姊妹篇。

改革是法治的推进器。

翻开全会决定，从“依法赋予设区的市地方立法权”到“建立行政机关内部重大决策合法性审查机制”；从“最高人民法院设立巡回法庭”到“把法治建设成效作为衡量各级领导班子和领导干部工作实绩重要内容、纳入政绩考核指标体系”……

一系列重大改革举措力透纸背，全面推进依法治国与全面深化改革，如大鹏之两翼，如战车之两轮，共同推动全面建成小康社会奋斗目标顺利实现。

坚持党的领导与依法治国的关系正本清源——

“党的领导是党和国家的根本所在、命脉所在，是全国各族人民的幸福所系、利益所系”。

“党的领导和社会主义法治是一致的，社会主义法治必须坚持党的领导，党的领导必须依靠社会主义法治”。

全会决定对中国共产党的领导和依法治国的关系理直气壮作出了回答。

党的领导、人民当家作主、依法治国有机统一。只有在党的领导下依法治国、厉行法治，人民当家作主才能充分实现，国家和社会生活法治化才能有序推进。

建设中国特色社会主义法治体系的全新命题首次提出——

“形成完备的法律规范体系、高效的法治实施体系、严密的法治监督体系、有力的法治保障体系，形成完善的党内法规体系”，社会主义法治体系内涵清晰、要求明确。

从法律体系到法治体系，一字之变，折射出中国共产党和中国人民在推进国家治理体系和治理能力现代化的道路上迈出了实质性步伐。

“建设社会主义法治体系”意味着，不仅要制定出法律，更要实施法律、遵守法律、落实法律，为全面推进依法治国明确政治保证、体制机制、工作布局和努力方向。

尤为引人注目的是，将党内法规体系纳入全面推进依法治国范畴，表明我们党对法治建设规律、共产党执政规律有了更加成熟而深刻的把握，树立起更加坚定的道路自信、理论自信、制度自信。

运筹帷幄见智慧 言出必践显担当

——以习近平同志为总书记的党中央，以言出必践的定力、善作善成的毅力、抓铁有痕的魄力推出并践行一系列重大举措，全社会对建设社会主义法治国家充满信心

“全党同志要把思想和行动统一到中央关于全面深化改革、全面推进依法治国重大决策部署上来……”

党的十八届四中全会上，习近平总书记坚定的话语，是向全党发出的动员令。

全会闭幕当天，英国《金融时报》网站刊发文章称，将依法治国这个概念完整呈现，上升为执政党的全党意志和目标，本身就是一种历史性进步。

海内外媒体对全会的关注进一步升温，对全会决定的内容予以高度评价。全社会对建设社会主义法治国家的实现充满期待，更满怀信心。

这信心，来源于以习近平同志为总书记的党中央一以贯之的治国理政风格——

抓铁有痕、踏石留印。以习近平同志为总书记的党中央时时处处以“严”的精神、“实”的作风推动各项工作扎实开展，推动各领域新风扑面，举国上下为之一振。

在全会决定起草过程中，180 多项重大举措向世人展示了中国共产党认认真真讲法治、扎扎实实抓法治的决心和魄力。

这信心，来源于以问题为导向、猛药去疴的改革蓝图——

立良法以行善治。针对长期以来立法过程中存在的部门化问题、地方保护主义问题，全会决定强调，综合性、全局性、基础性等重要法律起草由人大主导，完善立法专家顾问制度，推进科学立法、民主立法。

徒法不足以自行。针对有法不依、执法不严、违法不纠等群众反映强烈的突出问题，全会决定提出依法全面履行政府职能、深化行政执法体制改革等 6 项举措，为到 2020 年基本建成法治政府夯实基础。

公正是法治的生命线。针对司法公信力差的问题，全会决定从完善司法管理体制和司法权力运行机制、规范司法行为、加强对司法活动的监督等方面提出一系列举措，为加快建设公正高效权威的社会主义司法制度提供了保障。

让法律成为全民的信仰。针对守法意识淡薄的问题，全会决定要求从小学开始，把法治课纳入到各阶段国民教育中，把法治建设成效纳入领导干部政绩考核体系，引导全体人民都成为社会主义法治的忠实崇尚者、自觉遵守者、坚定捍卫者。

这信心，来源于实现建设社会主义法治国家所具有的坚实保障——

从建设高素质法治专门队伍到加强法律服务队伍建设再到创新法治人才培养机制，全会决定为建设一支忠于党、忠于国家、忠于人民、忠于法律的社会主义法治工作队伍描绘的路径清晰可见。

从要求各级领导干部带头遵守法律，到健全党领导依法治国的制度和工作机制；从坚决查处执法犯法、违法用权等行为，到发挥基层党组织在全面推进依法治国中的战斗堡垒作用，全会决定为从严治党扎紧法律和党规党纪之笼，为建设社会主义法治国家铸就坚强领导核心。

……

奉法者强，则国强；奉法者弱，则国弱。

一个个科学论断，一项项创新举措，中国共产党领导的中国特色社会主义法治实践全面展开，治国理政迈向法治化新境界。

伴随着党的十八届四中全会决定贯彻实施，国家治理领域必然迎来一场广泛而深刻的变革，一个充满生机的法治中国正在向我们走来。

（新华社北京2014年10月29日电　新华社记者张宿堂、霍小光、华春雨、罗宇凡、邹伟）

政治建军的时代新篇

——《关于新形势下军队政治工作若干问题的决定》诞生记

梦想在召唤，使命催征程。

党的十八大以来，在党中央、中央军委和习近平主席坚强领导下，人民军队继往开来、砥砺前行，站在了新的历史起点上。

面对国内外形势深刻复杂变化，怎样保持人民军队的性质和本色，怎样使我军适应能打仗、打胜仗的要求，怎样确保全军始终坚持党对军队的绝对领导？

这是新形势下做好军队政治工作必须回答的时代课题。

2014 年 12 月 30 日，中共中央向全党全军转发《关于新形势下军队政治工作若干问题的决定》。这份由习近平主席亲自领导和主持起草形成的重要文件，着力回答和解决了在新的历史条件下党从思想上政治上建设军队的重大问题，汇聚了在古田召开的全军政治工作会议的重要成果，凝结着习主席建军治军的雄韬伟略，闪耀着马克思主义的真理光芒。

重整行装，从古田再出发。走过 87 年辉煌历程的人民军队，必将在决定精神指引下谱写政治建军的时代新篇。

时代呼唤　战略举措
——确定召开全军政治工作会议和制定决定，是习主席和中央军委着眼推进强军伟业作出的重大决策

历史总是在演进中发展，事业总是在接力中前行。

党的十八大后，以习近平同志为总书记的党中央向全党全军全国各族人民发出了实现中国梦的时代号召，向全军发出了实现强军梦的时代号召，标注了党和军队事业建设发展的新高度，把人民军队政治工作推上了新的实践舞台。

2013 年 5 月，习主席在视察成都战区时，郑重提出在适当时候召开全军政治工作会议，并明确提出到古田召开这次会议，以更好弘扬我党我军的光荣传统和优良作风。6 月，总政治部向中央军委提交《关于筹备召开全军政治工作会议的请示》，提出要通过召开会议形成一个指导性文件。习主席随即批示同意，明确要求这个文件要充分体现深厚的历史积淀和政治意蕴，能够管一个时期，起到历史性作用。

总政迅速抽调精干力量组成文件起草组，历时一年多的广泛调研和文件起草工作，由此拉开帷幕。

——党中央、习主席开启强军兴军新的伟大征程，为制定决定提出了明确要求。

着眼实现中华民族伟大复兴中国梦，习主席鲜明提出了党在新形势下的强军目标——建设一支听党指挥、能打胜仗、作风优良的人民军队。

实现党在新形势下的强军目标，赋予政治工作新的时代内涵。军

队政治工作只有与强国兴邦、强军兴军紧扣起来，才能促进形成同心筑梦、合力圆梦的生动局面。

我们党正带领人民进行具有许多新的历史特点的伟大斗争，我军建设所处的时代条件和历史方位发生深刻变化，确保党从思想上政治上建设和掌握军队尤为紧要。

新的形势任务和机遇挑战，要求政治工作只能加强不能削弱，只能积极作为不能被动应对。必须以高度的政治自信和定力，坚持用党中央、习主席为我们立起的精神旗帜和强军目标引领建设发展，汇聚强军兴军的磅礴力量，确保军队任何时候任何情况下坚决听从党中央、中央军委和习主席指挥。

时代给出的重大课题，历史赋予的使命担当，为起草文件明确了时代坐标，拓宽了战略视野。

——习主席关于党从思想上政治上建设军队的重要论述，为制定决定确立了根本遵循。

政治工作是我军的最大特色和最大优势。在强军兴军征程中，政治工作生命线作用如何发挥？这是习主席一直思考的重大问题。

必须围绕听党指挥，坚持不懈用党的科学理论武装官兵，毫不动摇坚持党对军队绝对领导的根本原则和制度，确保部队绝对忠诚、绝对纯洁、绝对可靠。

必须围绕能打胜仗，牢固确立战斗力这个唯一的根本的标准，紧贴军事力量建设和运用积极作为，在强化服务保证作用中彰显威力，确保部队召之即来、来之能战、战之必胜，完成党和人民赋予的使命任务。

必须围绕作风优良，坚持人民军队性质、宗旨、本色，贯彻依法治军、从严治军方针，发扬艰苦奋斗精神，锻造铁的纪律，纯正部队风气，巩固发展良好内外关系，确保我军血脉永续、根基永固、优势永存。

习主席关于军队政治工作的一系列重要论述，丰富发展了政治工作理论和实践，确立了新形势下政治建军的大方略，充分体现了继承发扬我军政治工作优良传统的深邃思考，体现了对围绕强军目标加强思想政治建设的战略运筹，为起草文件指明了方向，提供了科学依据。

——习主席亲自决策在古田召开全军政治工作会议的深远考量，为制定决定赋予了丰富内涵。

历史之源蕴含着丰富的精神营养。85 年前，我军政治工作在古田奠基，新型人民军队在古田定型。如今重回古田召开这次会议，本身就是弘扬传统、解决问题、开创新局的政治宣示，也内在地规定了决定的历史承载和政治意蕴。

寻根溯源，赓续血脉。重回古田，就是要传承红色基因，强固政治根基，迎接时代条件发展、多元文化影响、官兵成分变化带来的新挑战。

整风肃纪，永葆先进。重回古田，就是要弘扬当年的整风精神和战斗风格，以踏石留印、抓铁有痕的劲头，解决思想上组织上作风上存在的突出问题。

改革创新，开拓进取。重回古田，就是要汲取古田会议的创新品质和奋进动力，在国家和军队全面深化改革的浪潮下，适应新形势，实现新发展。

回望源头，汲取智慧营养；面向未来，思考使命担当。

2014 年 10 月 31 日，习主席专程来到闽西古田，出席正在这里召开的全军政治工作会议，带领大家一起重温我党我军光荣历史和优良传统，接受思想启迪和精神洗礼。习主席在会议上发表了十分重要的讲话，明确提出军队政治工作的时代主题，强调加强和改进新形势下我军政治工作，最紧要的是把理想信念、党性原则、战斗力标准和政治工作威信 4 个带根本性的东西在全军牢固立起来，为强军兴军提供坚强政治保证。

正本清源，革弊鼎新。新形势下军队政治工作的时代主题鲜明了，最紧要的任务明朗了，着力改进和创新的方向更加清晰了。

习主席在全军政治工作会议上的重要讲话，为新形势下加强和改进军队政治工作贯注了魂、提起了纲。起草和出台决定，成为贯彻落实讲话精神的重大举措。

集中智慧　凝聚共识
——直面现实挑战，探寻破解之策，决定起草过程成为正视矛盾问题、加强和改进政治工作的过程

“要总结好传统、好经验、好做法，要查摆突出问题，深刻剖析原因，提出解决问题的有效举措。”

这是习主席的明确要求，也是全军上下的共同期待。

习主席亲自确定全军政治工作会议的主题基调，亲自审阅决定起草提纲，多次作出重要指示，倾注大量心血，自始至终给予坚强有力领导。

文件起草进入攻坚阶段，2014 年 10 月 16 日，习主席阅看决定送审稿后专门听取汇报。他强调指出，要处理好继承传统和改革创新的关系，处理好破和立的关系，处理好政治建军和政治工作业务的关系。这个决定，就是使我们头脑中的政治思想意识强化起来。

中共中央政治局委员、中央军委副主席范长龙，中共中央政治局委员、中央军委副主席许其亮，对贯彻落实习主席重要决策指示、筹

备开好会议、起草好决定非常重视，多次深入部队调研，听取机关意见建议，提出明确具体要求。

2014 年 10 月 9 日，中央军委召开专题会议，讨论研究会议筹备和文件起草工作，各位军委委员提出许多重要意见。

10 月 29 日，在决定讨论稿正式提交全军政治工作会议代表讨论前夕，习主席又通篇仔细审阅，亲笔作出许多重要修改。

从炎炎夏日到三九隆冬，从春暖花开到十月金秋，在习主席领导下，文件研究起草工作紧锣密鼓展开，起草过程成为正视现实矛盾问题，加强和改进政治工作的过程。

——学习贯彻习主席重要讲话精神贯穿起草工作始终。

起草组首先在掌握思想武器上下功夫，系统学习马克思列宁主义、毛泽东思想、邓小平理论、“三个代表”重要思想、科学发展观，突出学习习主席系列重要讲话精神特别是国防和军队建设重要论述，努力掌握理论的根和脉，掌握立场观点方法。

起草组先后编印习主席在军队和地方重要讲话文稿、我军政治工作史上重要文件资料，梳理汇总近 10 年来总政机关重要研究成果和部队创新政治工作的经验做法，共 13 本近 300 万字。

起草过程中，大家加强理论武装，跟进学习习主席最新重要讲话，系统学习研究政治工作经典文献和政策法规、党的重要会议精神等，深入开展研讨交流，切实把握根本遵循，为文件起草提供厚实的理论支撑。

——深入调查研究、直面问题弊端贯穿起草工作始终。

习主席在指导会议筹备和决定起草期间，多次深入部队就政治工作全局指导上的重大问题进行调研。他反复强调，要对照我军政治工作的优良传统，贯彻整风精神，把自己放进去，强化问题导向，分析查找思想政治建设存在的突出问题。军委领导多次明确要求，注重问题检讨反思，体现真抓真解决的硬决心。

问题是时代的声音，问题是工作的向导。起草组深入领会习主席重要指示，紧扣部队建设实践，列出 54 个重大课题，委托机关、部队和院校分别进行研究攻关。先后到全军 100 多个旅团以上单位调研，与不同层次领导、机关和不同类型、驻不同地区部队座谈讨论，召开 58 个座谈会，当面听取 200 多名军以上领导干部意见。

深究实际，找问题背后之问题；建献良策，提方法之上之方法……起草组在全军政工网开辟专栏，在网上公开征集部队官兵对加强和改进政治工作的意见建议。一年多来，官兵网上建言献策 2 万多条。

强化问题指向，问计部队官兵。起草组系统研究政治工作领域存在的突出矛盾问题，认真分析官兵的意见建议，查找梳理出 19 个方面 83 个现实问题表现和 85 个工作指导、政策制度方面的问题。

广泛深入的调查研究，实事求是的问题导向，为文件起草丰富了实践依据。

——充分发扬民主、广泛听取意见贯穿起草工作始终。

举总政之力，集全军之智。起草组坚持高标准、深下去、多碰撞、不怕反复，使文件起草过程成为发扬民主的生动实践，成为推动部队研究探索新形势下政治工作特点规律的有效载体。

2014 年初，总政就文件主题、框架和需要解决的突出问题，征求全军各大单位政治部意见。3 月，形成文件提纲后，又听取军委领导的指示和全军各大单位主要领导的意见。6 月，形成文件初稿后，再分别征求各大单位党委常委、四总部党委委员、军委办公厅领导和有关老同志意见。期间，还 3 次征求中央和国家机关有关领导同志的意见，召开 4 次专题座谈会听取部队领导和专家学者的建议。

如此多轮次、大范围征求意见，幅度之广、力度之大，在我军政治工作史上是不多见的。各级领导和机关都以高度负责的精神，深入调研思考，提出了很多重要的意见建议。

讨论，研究，修改；再讨论，再研究，再修改……起草组先后集中研讨上百次，文件数十易其稿，力求鲜明准确精炼。

这是一个历史性时刻——2014 年 10 月 30 日，备受瞩目的全军政治工作会议隆重开幕。散发着浓浓墨香的《关于新形势下军队政治工作若干问题的决定》（讨论稿），摆在了 400 多名与会代表的坐席前。

决定是会议精神的重要载体，讨论修改决定是会议的重要任务。会议期间，代表们紧紧围绕学习贯彻习主席重要讲话精神深化思考研究，注重立足强国强军的战略全局深化思考研究，把决定与配套文件联系起来深化思考研究，在强化主体意识和责任担当中深化思考研究……

习主席在全军政治工作会议上的重要讲话，是三军统帅的政治宣示，是人民军队的时代宣言。学习领悟讲话精神，起草组对文件再次作出修改，充分体现讲话提出的新思想新观点新论断新要求，丰富了时代内涵，凝聚起三军共识。

旨深意远　固本开新

——决定对加强和改进军队政治工作作出全面部署，必将引领我军政治工作焕发出新的生机和威力

实践启迪真知，历史昭示未来。

回眸历史，每当党和军队事业发展进入关键阶段，都要召开全军性会议，集中研究政治建军的重大问题，制定政治工作指导性文件。

从 85 年前的古田会议决议，到 1944 年《关于军队政治工作问题

的报告》；从1987年《关于新时期军队政治工作的决定》，到1999年《关于改革开放和发展社会主义市场经济条件下军队思想政治建设若干问题的决定》……指导我军政治工作的纲领性文献，都以抓住时代主要矛盾、回答时代重大课题而载入史册。

站在历史与未来的交汇点上，凝聚着习主席和全军智慧心血的《关于新形势下军队政治工作若干问题的决定》，对于弘扬我军政治工作的光荣传统和优良作风，在强军兴军征程中更好发挥政治工作生命线作用，具有重大而深远的指导意义。

——鲜明确立了强国强军征程中我们党政治建军的根本原则。

决定把习主席的战略判断和战略部署，作为谋划政治工作的根本依据；把习主席对军队的政治要求，确立为政治工作的方针原则和制度安排；把习主席强调指出的重大问题，明确为加强和改进政治工作的重中之重；把习主席的决策指示，转化为政治工作的思路举措，落实到部队建设的方方面面。

85年前的古田会议决议，确立了思想建党、政治建军的根本原则，肃清了建军之初的各种非无产阶级思想，使一支深受旧军队思想影响的军队，脱胎换骨成为党绝对领导下的新型人民军队，指引我军不断从胜利走向胜利。

85年后的今天，《关于新形势下军队政治工作若干问题的决定》深刻阐释了新形势下加强和改进军队政治工作的极端重要性、极端必要性和极端紧迫性，明确了发挥政治工作生命线作用的任务要求，确立了党在新形势下坚持政治建军的根本原则，必将汇聚起全军官兵强军兴军的磅礴力量。

——科学谋划了新形势下加强和改进军队政治工作的思路举措。

把时代主题立起来，政治工作就有了方向和遵循。决定开宗明义，以习主席关于军队政治工作时代主题的重大论断统领全篇，明确了政治工作的使命责任和着力点、聚焦点。

思想脉络用强军目标贯穿，谋篇布局向强军目标聚焦，办法举措朝强军目标用力。从坚持党对军队绝对领导的根本原则和制度，到强固革命军人精神支柱；从确立战斗力标准，到汇聚拥护和推进全面深化改革正能量；从树立正确选人用人导向，到从严从实推进反腐正风；从增强各级党组织的原则性战斗性，到加强政治机关和政治干部队伍建设……决定科学谋划新形势下加强和改进军队政治工作的思路举措，提出一系列新的标准要求。

站在时代制高点上谋划运筹，决定抓住了大问题、提出了大思路，勾画了新形势下政治建军的宏伟蓝图。

——有力彰显了纠治军队沉疴流弊的问题导向。

问题倒逼、有破有立，是这个文件的鲜明特点。决定以新形势下政治工作亟待解决的重大问题为提领，除总论外，8个分论采用一正一反出题，从问题进、往对策落，实现了行文风格与思想风格的统一，体现了习主席力倡力行的改革和整风精神。

决定对部队特别是领导干部中理想信念、党性原则、革命精神、组织纪律、思想作风等方面存在的突出问题，从政治工作的角度进行反思，认真总结教训，特别是深刻吸取徐才厚严重违纪违法案件的惨痛教训，鲜明提出"八个纠正"——纠正影响听党指挥的错误思想和行为，纠正理想信念弱化倾向，纠正忘战懈怠积弊，纠正妨碍改革的思想观念和利益羁绊，纠正任人唯亲唯利歪风，纠正作风和风气上的顽瘴痼疾，纠正党内政治生活庸俗化现象，纠正损害政治工作形象和威信的问题。

坚持直面问题，不搞遮遮掩掩；扭住重点问题，不搞面面俱到；着力反思问题，不搞就事论事；注重破解问题，不搞泛泛要求。决定力求思想行为上纠正什么旗帜鲜明，工作指导上摒弃什么指向明确，办法举措上改进什么实在具体。

积极回应官兵期待，大力推动革弊鼎新，决定的出台是对军队思想上作风上的正本清源，必将发挥激浊扬清的重要作用，立起政治工作威信，重塑政治干部良好形象。

——大力弘扬了人民军队政治工作的光荣传统和优良作风。

在长期革命、建设、改革历程中，我军形成了政治工作一整套优良传统，主要包括：坚持党指挥枪的根本原则和制度，坚持全心全意为人民服务的根本宗旨，坚持实事求是的思想路线，坚持群众路线的根本作风，坚持用科学理论武装官兵，坚持围绕党和军队中心任务发挥服务保证作用，坚持公道正派选拔使用干部，坚持官兵一致、发扬民主，坚持实行自觉的严格的纪律，坚持艰苦奋斗、牺牲奉献的革命精神，坚持党员干部带头、以身作则，等等。决定从传承革命血脉、汲取前行力量的高度强调指出，这些优良传统是我军特有的政治优势和克敌制胜的法宝，必须一代代传下去，不断发扬光大。

不忘本，才能不迷途。对照我军政治工作的优良传统，才能省视当前军队思想政治建设存在的突出问题，把我们的好传统恢复起来、弘扬起来，永葆人民军队的本色宗旨……

站在新起点，踏上新征程。决定从强国强军的高度定位军队政治工作，拓展了战略视野，增强了时代感召，必将从根本上开启政治工作服务保证强国强军伟大实践的新局面，续写政治工作与时俱进创新发展的新篇章。

伴随着决定的起草、讨论和颁布实施，加强和改进政治工作的火热图景在大江南北座座军营渐次铺展开来。

统一思想，凝心聚力。全军各级把学习贯彻决定作为贯彻落实全军政治工作会议精神的重要内容，深刻理解把握决定的主要内容、精神实质和基本要求，不断深化对习主席重要讲话精神的理解，深化对新形势下我们党政治建军方略的理解。举办全军高级干部研讨班，把决定纳入各级党委中心组学习、干部轮训培训、部队思想政治教育、院校政治理论教学，推动决定精神入脑入心。

聚焦主题，科学布局。各单位紧扣政治工作时代主题，按照“四个牢固立起来”“五个着力抓好”的要求，扎实开展“学习践行强军目标，做新一代革命军人”主题教育和团以上党委机关“三严三实”专题教育整顿，加强深化改革和军事斗争准备中政治工作，做好抓基层打基础保稳定工作，把全军政治工作会议决策部署落到实处。

整风整改，基调鲜明。各部队围绕习主席指出的“十个方面问题”和决定提出的“八个纠正”，着力整顿思想、整顿用人、整顿组织、整顿纪律，部署开展干部工作大检查、财务工作大清查等7个专项清理整治。各级党委坚持从本级抓起，全面肃清徐才厚案件恶劣影响，把政治纪律、政治规矩严起来，确保政令军令畅通，确保枪杆子永远听党指挥。

立起威信，树好形象。各级按照习主席提出的“对党绝对忠诚、聚焦打仗有力、作风形象良好”目标要求，认真落实决定的有关部署，开展“忠诚党的事业、热爱政治工作”事业观教育，深化“争创先进政治机关、争当优秀政治干部”活动，着力建设过硬政治机关和政治干部队伍，我军政治工作优良传统在接力传承中不断发扬光大。

千川汇海阔，风正好扬帆。人民军队在强军兴军伟大征程上阔步向前，政治工作生命线彰显出更大威力。

（新华社北京2015年2月1日电　新华社记者曹智、李宣良，解放军报记者欧世金、欧灿）

全面建小康 扬帆再起航

——《中共中央关于制定国民经济和社会发展第十三个五年规划的建议》诞生记

这是中国发展的行动纲领!

这是一场关系中国发展全局的深刻变革!

2015 年 10 月 29 日，中国共产党第十八届中央委员会第五次全体会议在北京胜利闭幕。经过出席全会的中央委员表决，一致通过了《中共中央关于制定国民经济和社会发展第十三个五年规划的建议》。

雄壮的国际歌伴着掌声久久回荡，唤起 13 亿人昂扬前行的磅礴力量。

这是奋进的号角，是时代的呼唤——

到 2020 年全面建成小康社会，是我们党对人民、对历史作出的庄严承诺，是“两个一百年”奋斗目标的第一个百年奋斗目标。

全会通过的《建议》，这一凝聚着全党全军全国各族人民智慧的宏伟蓝图，将引领中国发展航船向着全面小康破浪前进!

肩负伟大使命　回应人民期待
——《建议》吹响了全面建成小康社会决胜阶段的冲锋号，发出了开拓中国发展新境界的动员令

小康，中华民族梦萦千年的梦想，在中国共产党领导的改革开放壮阔进程中，成为几代中国人的奋斗目标。

从提出小康目标到基本实现小康，从全面建设小康社会到全面建成小康社会，中国创造了一个又一个发展奇迹，迈上了一级又一级发展阶梯。

五年规划是丈量中国进步的时空标尺。

“十二五”期间尤其是党的十八大以来，党中央面对错综复杂的国际环境和艰巨繁重的国内改革发展任务，团结带领13亿人民实现了我国现代化建设的新跨越。

当历史的指针指向又一个5年开局，全面建成小康社会即将打响决胜之役。中国将面临怎样的发展环境，要破解怎样的发展难题?

以习近平同志为总书记的党中央，对此有着科学准确的分析判断——

重大战略机遇期仍在，中国仍然大有可为，同时必须准确把握战略机遇期内涵的深刻变化，更加有效地应对各种风险和挑战，确保经济行稳致远，成功跨越“中等收入陷阱”。

经济发展新常态下，全面建成小康社会决胜阶段，也是转变经济发展方式、调整经济结构的窗口期，必须提出发展新思路、增添发展新动力、开拓发展新境界。

全面小康重在全面，必须补齐扶贫开发、生态环境保护等最大短板，重点解决发展方式粗放、创新能力不强、基本公共服务供给不足、

收入差距较大等突出问题，实现全体人民共同迈入全面小康社会。

今天的中国与世界比以往任何时候都更加紧密地联系在一起，必须坚持打开国门搞建设，将中国发展置于世界大背景下，并积极承担国际责任和义务，为世界发展作出更大贡献。

肩负历史重任，回应人民期待。科学描绘未来发展蓝图，关系中华民族前途命运。

2015 年 1 月，中央政治局决定，党的十八届五中全会重点研究关于制定国民经济和社会发展第十三个五年规划的建议。

1 月 28 日，中央向各地区各部门发出对党的十八届五中全会研究“十三五”规划建议征求意见的通知。

中央决定成立文件起草组，由习近平总书记担任组长，李克强、张高丽同志担任副组长。

2 月 10 日，中南海怀仁堂。习近平总书记主持召开党的十八届五中全会文件起草组第一次全体会议，要求建议起草工作要坚持解放思想、开拓创新，搞出一个“耳目一新、实用管用”的规划建议。

——这是起草好建议稿必须承担的历史使命：

到 2020 年全面建成小康社会，是“十三五”时期必须完成的任务。“十三五”规划建议是全面建成小康社会决胜阶段的路线图，要进一步明确全面建成小康社会目标的基本内涵，从思想上、战略上、重点上、布局上、举措上、指标上进行细化，确保这一目标如期实现。

“十三五”规划建议是引领经济发展新常态的行动纲领。适应新常态，把握新常态，引领新常态，是“十三五”时期经济发展的大逻辑。谋划“十三五”时期经济社会发展，必须充分考虑这些内在特征和要求，高度重视提高发展质量和效益，加快转变经济发展方式，推动经济持续健康发展。

“十三五”规划建议是坚持全面建成小康社会的施工蓝图。发展是目的，改革是动力，法治是保障。明确了发展重点，就要围绕目标推进改革，用改革助力发展目标实现。社会主义市场经济本质上是法治经济，必须弘扬社会主义法治精神，依法调控和治理经济。

——这是起草建议必须重点考虑的问题：

坚持党的十一届三中全会以来形成的行之有效的重大方针政策不动摇，坚持社会主义市场经济发展方向不动摇，坚持发展是第一要务的战略思想不动摇，坚持中国特色社会主义事业总体布局不动摇。

——这是起草建议必须遵循的原则：

坚持目标导向和问题导向相统一，既从实现全面建成小康社会目标倒推，厘清到时间节点必须完成的任务，又从迫切需要解决的问题顺推，明确破解难题的途径和方法。

坚持立足国内和全球视野相统筹，既以新理念新思路新举措主动适应和积极引领经济发展新常态，又从全球经济联系中进行谋划。

坚持全面规划和突出重点相协调，既着眼于全面推进经济建设、政治建设、文化建设、社会建设、生态文明建设和党的建设，又突出薄弱环节和滞后领域。

坚持战略性和操作性相结合，既强调规划的宏观性、战略性、指导性，又突出规划的约束力和可操作、能检查、易评估。

规划建议要突出前瞻性和指导性，准确把握我国基本国情和发展现状，科学预判未来5年乃至更长时期我国经济社会发展的趋势和变量，确保提出的目标和举措能够顺应发展趋势、引领发展方向。

文件起草过程中，李克强、张德江、俞正声、刘云山、王岐山、张高丽等中央领导同志也提出了重要意见，进行了具体指导。

锐始者必图其终，成功者先计于始。

在中央政治局常委会领导下，建议起草工作紧张有序展开，旨在为未来5年中国发展作出符合时代要求、顺应人民愿望、符合发展规律的科学回答。

充分发扬民主　凝聚全党智慧
——《建议》起草工作始终在习近平总书记和中央政治局常委会领导下进行，以亿万人民的伟大实践为力量源泉

被之僮僮，夙夜在公。近260个日日夜夜、从严冬到金秋，自文件起草组召开第一次全体会议到党的十八届五中全会开幕，近9个月的时间里，习近平总书记高度重视文件起草工作，对文件起草组上报的每一稿认真审阅，多次作出重要指示。

其间，习近平总书记先后4次主持召开中央政治局常委会会议、2次主持召开中央政治局会议审议建议稿，提出一系列重要指导意见。

重视调查研究，是我们党的优良传统，是谋划工作、科学决策的重要依据。

同开办农家乐的村民一起算客流账、收入账，阐释“绿水青山就是金山银山”的道理；为农村贫困人口脱困树立信心，叮嘱“贫困并不可怕”“好日子是干出来的”；为装备制造企业鼓劲，嘱托“奋力抢占世界制高点、掌控技术话语权”……

为了做好建议起草工作，习近平总书记等中央领导同志深入经济发达的华东地区、扶贫攻坚任务繁重的中西部地区、加快振兴发展的东北地区等老工业基地，访农家、看学校、进企业、走园区，察民情、问良策。

2015年5月25日，习近平总书记来到浙江舟山市定海区干（览加

石旁）镇一个新建社区。看到这里环境优美、庭院错落，村民发展乡村旅游日子越过越好，他表示，这里是一个天然大氧吧，是“美丽经济”，印证了绿水青山就是金山银山的道理。

7月16日，习近平总书记来到吉林延边州和龙市东城镇光东村。了解到村民收入和生活水平不断提高后，他表示，检验农村工作成效的一个重要尺度，就是看农民的钱袋子鼓起来没有。要通过多种途径着力构建农民持续较快增收的长效机制。

习近平总书记还先后在浙江、贵州、吉林主持召开座谈会，听取18个省区市主要领导同志对“十三五”时期经济社会发展的意见和建议，就抓好经济社会发展、做好“十三五”规划编制工作进行指导。

如何开拓发展新境界，秉持什么样的发展理念，遵循怎样的新路径等，一系列具有前瞻性、导向性、针对性的重大战略问题，正是在深入扎实的调研中找到了答案。

全会文件稿针对未来5年乃至更长时期我国发展，提出了一系列新的发展指标和重要举措，这些指标和举措能否立得住，必须经过科学严谨的评估和论证。

习近平总书记高度重视前期重大课题研究工作，亲自批准课题题目，中央委托42家单位组织力量完成了31项重大课题研究，形成了117份专题研究报告。

从“十三五”时期消费、投资、出口等需求结构分析，到“一带一路”战略实施；从全面提高党领导发展能力和水平研究，到全面建成小康社会新的目标谋划；从促进区域协调发展的方向和主要举措，到提高居民收入和调整国民收入分配格局的方向和重大政策；从人口发展战略和积极应对人口老龄化政策，到农业农村发展的重大任务和主要措施……

4月中下旬，文件起草组用6个半天的时间，陆续听取了18个部委关于31项重大课题成果的汇报，认真研究吸纳其中的观点和建议。

海纳百川，气象万千。从最初的框架提纲，到框架方案稿，再到送审稿，建议稿在讨论、起草、修改，再讨论、再修改、再完善的过程中，重点更加突出，脉络更加清晰，逻辑更加严密，措施更加切实。

8月12日，天津港发生爆炸事故。习近平总书记对安全生产中暴露出的问题高度重视，积极回应人民群众的关注与呼声，要求建议稿增加完善和落实安全生产责任和管理制度、切实维护人民生命财产安全方面的内容。

按照要求，建议稿充实增加了牢固树立安全发展理念，完善和落实安全生产责任制和管理制度，增加了安全评审制度、预警应急机制等举措，强化了危险化学品和化工企业生产、仓储安全环保搬迁等方面的具体要求，要求及时排查化解安全隐患，坚决遏制重特大安全事故频发势头。

不拒众流，方为江海。起草过程中，习近平总书记始终强调，必须充分发扬民主，广泛听取意见。

7月底，中央办公厅向各省区市、中央和国家机关、解放军总政治部和各人民团体印发了建议征求意见稿。

8月21日，习近平总书记主持召开座谈会，听取各民主党派、全国工商联领导人和无党派人士对建议征求意见稿的意见。

据统计，建议稿实际征求意见3176人。经汇总，文件起草组收到意见和建议共2588条，其中党外人士提出的意见和建议92条，扣除重复意见和建议后总计2292条。

根据反馈的意见和建议，建议稿共增写、改写、精简文字754处，覆盖116个单位和党外人士的844条意见和建议，其中覆盖党外人士意见和建议 18 条。反馈意见和建议吸收率为 32.6%。

10 月 12 日，经过中央政治局会议第二次审议，建议稿进一步修改完善，准备提交党的十八届五中全会审议。

全会期间，文件起草组根据 10 个小组审议讨论意见，对建议稿又进行 60 多处修改，提交中央政治局常委会会议审议。

10 月 29 日下午 3 时，凝聚着全党全国各族人民智慧的建议草案摆放在出席会议的每一位中央委员、候补中央委员座席前，在全会上获得一致通过。

与会代表一致认为，《建议》反映了人民意愿和社会期盼，凝聚了全社会推动经济社会发展的共识，是指引全党全国各族人民夺取全面建成小康社会决胜阶段伟大胜利的纲领性文件。

以人民为中心，用新的发展理念引领发展行动

——《建议》坚持以人民为中心的发展思想，以鲜明的理念和创新举措，绘就指引中国发展航船向梦想前行的路线图

人民是推动发展的根本力量，实现好、维护好、发展好最广大人民的根本利益是发展的根本目的，必须把增进人民福祉、促进人的全面发展作为发展的出发点和落脚点。这是贯穿建议全篇的一条红线！

理念是行动的先导。

建议起草工作一开始，习近平总书记就明确指出："谋划'十三五'规划建议，首先要把应该坚持什么样的发展理念搞清楚。"

习近平总书记说："发展理念是战略性、纲领性、引领性的东西，发展理念搞对了，目标任务就好定了，政策举措也就跟着好定了。"

正是按照习近平总书记的要求，《建议》突出理念先行、理念引领，

以新的发展理念为核心，突破以往规划建议的篇章结构，成为一份具有鲜明特点、让人耳目一新、写下许多“第一”的发展蓝图。

《建议》从党和国家战略全局出发，顺应经济发展新常态的内在要求，贯彻“四个全面”战略布局，明确了全面建成小康社会决胜阶段经济社会发展的指导思想、目标任务、发展理念、重大举措。

——新的发展理念引领未来发展。

理念先行是《建议》最鲜明的特点和突出亮点。

3月23日，习近平总书记在主持召开文件起草组第二次全体会议时明确提出，“十三五”规划建议要把发展理念梳理好、讲清楚，为“十三五”时期我国经济社会发展指好道、领好航。

创新、协调、绿色、开放、共享的发展理念，正是习近平总书记针对中国发展面临的新情况新问题作出的时代回答，是党中央治国理政思想的重大理论创新，是马克思主义中国化最新成果。

在新的发展理念牵引下，《建议》在谋篇布局上突破了既往。

《建议》全篇以新的理念为主线，突出了战略性、客观性、思想性，独特新颖，引人入胜，让人有耳目为之一新的感觉，主题更突出、逻辑关系更清晰，实现了内容和形式的有机统一。

——突出问题导向、破解全面建成小康社会进程中的短板。

问题是实践的引导，抓住了主要问题，就找准了工作聚焦点和着力点。

全面建成小康社会已到冲刺登顶的关键阶段，未来5年能否解决短板问题至关重要。

要深入研究全面建成小康社会的难点；要坚持问题导向，围绕破解经济社会发展突出问题的体制机制障碍，提出需要推进的改革任务——在文件起草组第一次全体会议上，习近平总书记提出了明确要求。

针对发展中的突出问题，《建议》将新的发展理念与解决短板问题紧密结合在一起。

扶贫开发始终是习近平总书记心头最为牵挂的事。全面小康是全体中国人民的小康，要求将“我国现行标准下农村贫困人口实现脱贫，贫困县全部摘帽，解决区域性整体贫困”写入新的目标要求。

6 月 16 日，习近平总书记来到贵州遵义县枫香镇花茂村考察。看到昔日贫困村脱贫致富后，他对村民们说，党中央十分关心广大农民特别是农村贫困人口，制定了一系列方针政策促进农村发展。“好日子是干出来的，贫困并不可怕，只要有信心、有决心，就没有克服不了的困难。”

两天后，他在贵州省贵阳市主持召开部分省区市扶贫攻坚与“十三五”时期经济社会发展座谈会时强调，消除贫困、改善民生、逐步实现共同富裕，是社会主义的本质要求，是我们党的重要使命。“十三五”时期经济社会发展，必须补好扶贫开发“短板”。

——措施更实、更具可操作性。

破解难题，最终要落实到一项项具体行动上。《建议》坚持战略性和操作性相结合，确定 300 项重要举措，从中提炼出 50 项新的重大战略、工程、计划、制度、行动清单。

发展分享经济，实施国家大数据战略，实施《中国制造 2025》，实施工业强基工程，开展加快发展现代服务业行动，实施近零碳排放区示范工程，实行省以下环保机构监测监察执法垂直管理制度，开展大规模国土绿化行动……

一项项务实的部署，让指引中国未来发展的规划路线图更清晰、更充实。

建议稿起草过程中，习近平总书记作出指示。“有些举措要一看就可以操作”，不需要再制定细化的方案。如建议中具体提出了要“实施降低企业成本的行动”，就为解决当前企业成本高企问题有针对性地指明方法和路径。

——多项“第一”凸显时代特点。

“十三五”规划是实现第一个百年奋斗目标、全面建成小康社会收官的5年规划，是我国经济发展进入新常态后的第一个5年规划，是我们党对全面深化改革、全面推进依法治国作出部署后的第一个5年规划，是党的十八大后明确“四个全面”战略布局后的第一个5年规划。

独特的历史方位，决定了《建议》中包含众多“首次”：

——《建议》首次将生态文明建设在5年规划中单列一章，将“生态环境质量总体改善”列入全面建成小康社会新的目标要求，关于“绿色发展”部分所占篇幅也是历次规划建议中最长的。

“绿色发展就是要建设生态文明，推进绿色发展、循环发展、低碳发展，实现人与自然和谐发展。”习近平总书记在谈及新的发展理念时作了这样的阐述。

——《建议》首次将坚持开放发展单列一章。中国发展与世界发展的联系和互动前所未有。放眼全世界，开放成为一个国家在世界上竞争力的重要标志。

习近平总书记指出，把握国内外发展大势，是制定好规划的前提。要顺应经济发展进入新常态的大逻辑，顺应我国经济深度融入世界经济的大趋势。正是在这一理念指导下，《建议》全篇贯穿着全球视野。

——协调推进“四个全面”战略布局的大背景下，《建议》首次把党的建设内容列入新的目标要求；

——更加重视落实规划建议的指导作用，《建议》首次单列一条强调规划落实，要求各级各类规划要增加反映创新、协调、绿色、开放、共享发展理念的指标。

……

诸多“第一”“首次”背后，彰显的是以习近平同志为总书记的党中央总揽全局的宽广视野和锐意进取的创新精神。

蓝图彰显品格 信心汇聚力量

——《建议》彰显党中央治国理政的鲜明品格，世界对中国未来发展充满信心

一个小小的细节，往往能显示出本质。

“节约资源要全社会行动起来才行，要从消费者就做起来。”

正是根据习近平总书记的指示精神，《建议》中写上了“倡导合理消费，力戒奢侈消费，制止奢靡之风。深入开展反过度包装、反食品浪费、反过度消费行动，推动形成勤俭节约的社会风尚”等内容。

人们不会忘记，正是在习近平总书记的批示要求指引下，提倡“光盘”、反对浪费在全社会蔚然成风；正是在群众路线教育实践活动推动下，“四风”大为收敛。

一个小小的故事，往往能透露出品格。

《建议》在坚持绿色发展章节特别写上了“维护生物多样性，实施濒危野生动植物抢救性保护工程”“严厉打击象牙等野生动植物制品非法交易”等举措。这些内容，是习近平总书记在讨论时指出的。

人们不会忘记，2015 年全国两会上，习近平总书记在参加吉林代表团讨论时详细了解野生东北虎种群繁衍和长白山生态建设情况。人们更不会忘记，习近平总书记一次次对美丽中国的深情描述和不能让生态环境“在我们手里变得越来越坏”的铮铮誓言。

一件件小事、一个个细节，贯穿在《建议》的字里行间，彰显出以习近平同志为总书记的党中央治国理政的鲜明品格。

党的十八大以来，以习近平同志为总书记的党中央毫不动摇坚持和发展中国特色社会主义，勇于实践、善于创新，形成一系列治国理政新理念新思想新战略，为在新的历史条件下深化改革开放，加快推进社会主义现代化提供了科学理论指导和行动指南。

《建议》源于党中央治国理政的成功实践，是党中央一系列理论创新、实践创新绘就的发展篇章。

——这是关于发展理论的重大创新。

创新、协调、绿色、开放、共享——十个字集合在一起。每一个理念背后都蕴含着新的内涵，包含着实践基础上中国共产党人对共产党执政规律、社会主义建设规律、人类社会发展规律认识的不断深化。

——这是富有改革和法治精神的发展篇章。

“打铁还需自身硬”。规划建议以超越以往的篇幅关注未来5年如何加强党的领导，坚定表明，党有能力驾驭好世界第二大经济体，能够领导我国发展航船沿着正确航道破浪前进。

——这是筑梦圆梦的行动指南。

实施脱贫攻坚工程，建立健全农村留守儿童和妇女、老人关爱服务体系，普及高中阶段教育，实现职工基础养老金全国统筹，推进健康中国建设，全面实施一对夫妇可生育两个孩子政策……

新的5年，党中央把“坚持人民主体地位”作为如期实现全面建成小康社会奋斗目标、推动经济社会持续健康发展必须遵循的第一条原则。坚持从解决人民最关心最直接最现实的利益问题谋划发展，展示了共享发展的施政理念，体现了中国共产党全心全意为人民服务的根本宗旨。

“人民对美好生活的向往，就是我们的奋斗目标。”

习近平总书记的誓言言犹在耳。实现全面小康，就意味着不断增加人民群众的获得感，为每个中国人创造更多实现梦想的机会。

——这是中国梦与世界梦的深度互动。

今天的中国在世界舞台上扮演着更为重要的角色。《建议》指明的中国发展路径，给艰难复苏中的世界经济增添了信心。

今天的中国，一举一动都牵动着世界的目光。世界的聚光灯下，“十三五”的中国画卷即将展开。

“牢固树立和切实贯彻创新、协调、绿色、开放、共享的发展理念，是关系我国发展全局的一场深刻变革。全党同志要充分认识这场变革的重大现实意义和深远历史意义……”

党的十八届五中全会向全党发出了向全面建成小康社会目标冲刺的新的动员令。

鲲鹏展翅凌万里，逐梦扬帆再起航。

从穿越千年的小康梦想，到决胜的关键5年，向着第一个百年奋斗目标进军的号角已经吹响。13亿多中国人民正紧密团结在以习近平同志为总书记的党中央周围，按照党的十八届五中全会指引的方向坚定前行。

（新华社北京2015年11月4日电　新华社记者秦杰、韩洁、华春雨）

踏上全面从严治党新征程

——《关于新形势下党内政治生活的若干准则》和《中国共产党党内监督条例》诞生记

2016年10月27日，中国共产党第十八届中央委员会第六次全体会议胜利闭幕。全会聚焦全面从严治党，围绕加强和规范党内政治生活、加强党内监督，出台规范性文件，进行战略部署，以一系列新观点新论断新要求新规定，为全面从严治党、深入推进党的建设新的伟大工程提供了行动指南。

全会旗帜鲜明提出，坚决维护党中央权威、保证全党令行禁止，是党和国家前途命运所系，是全国各族人民根本利益所在，也是加强和规范党内政治生活的重要目的。全会明确习近平总书记是党中央的核心、全党的核心，正式提出“以习近平同志为核心的党中央”。这对维护党中央权威、维护党的团结和集中统一领导，对全党全军全国各族人民更好凝聚力量抓住机遇、战胜挑战，对全党团结一心、不忘初心、继续前进，对保证党和国家兴旺发达、长治久安，具有十分重大而深远的意义。

《关于新形势下党内政治生活的若干准则》和《中国共产党党内监督条例》，是全会的重要成果。两个党内法规的制定出台，是全面从严治党一次广泛而深入的思想动员和组织动员，是对党的十八大以来全面从严治党理论和实践的系统总结，是着眼解决新形势下党内突出问题而进行的重要顶层设计，是对马克思主义建党理论和实践的创新发展。全党全社会普遍认为，两个党内法规是我们党在管党治党中具有里程碑意义的新篇章。

着眼全局，面向未来，开辟党中央治国理政新境界

中国，这个拥有13亿多人口的大国，能够创造出一个又一个发展奇迹，有何秘诀？

“办好中国的事情，关键在党，关键在党要管党、从严治党。”这是一条经过实践检验的真理。

全面从严治党，可以说是历史交给当代中国共产党人的重大课题，是广大人民群众对主心骨的热切期盼，是我们党勇立时代潮头的坚定自觉。

这是党中央着眼党和国家兴旺发达、长治久安作出的历史性决定——

党的十八届六中全会公报正式提出“以习近平同志为核心的党中央”。当全会公报获得一致通过时，会场响起热烈的掌声。

这掌声，反映了中央委员会的一致愿望；

这掌声，表达了全党全军全国各族人民的共同心声；

这掌声，昭示出中国共产党带领中华民族走向伟大复兴的坚定信心。

一个国家、一个政党，领导核心至关重要。

党的十八大以来，以习近平同志为核心的党中央带领全党全军全国各族人民，开创了中国特色社会主义伟大事业新局面，在改革发展

稳定、内政外交国防、治党治国治军等方面取得了一系列具有重大现实意义和深远历史意义的成就，实现了党和国家事业继往开来。

党的十八大以来，以习近平同志为核心的党中央身体力行、率先垂范，坚定推进全面从严治党，坚持思想建党和制度治党紧密结合，集中整饬党风，严厉惩治腐败，净化党内政治生态，党内政治生活展现新气象，赢得了党心民心。

在这个波澜壮阔的进程中，习近平总书记作为党的领袖，显示了高超的政治智慧、卓越的领导能力、深厚的为民情怀，在全党全军全国各族人民中享有崇高威望，受到衷心爱戴和拥护。明确习近平总书记的核心地位，水到渠成，顺理成章，名副其实。

全会期间，与会同志在分组讨论中纷纷提议、一致拥护、高度赞同。

“站在新的历史起点、肩负新的历史使命，确立习近平同志党中央的核心、全党的核心地位，是实践的选择、历史的选择，是全党的选择、人民的选择，是党心所向、人心所向。”中央委员们这样说。

这是党中央根据“四个全面”战略布局对中央全会议题作出的整体设计——

六中全会闭幕后，有外电评论：“四个全面”战略布局将中共管党治党提升到了国家发展战略的新高度；这次全会对全面从严治党作出新部署，巩固了“四个全面”战略布局治国理政总方略的地位。

4 年前，习近平总书记履新伊始，就把党要管党、从严治党放在更加突出的位置。“打铁还需自身硬”，他用通俗易懂的语言，向人民作出庄严承诺。

2 年前，在江苏考察时，习近平总书记强调，全面从严治党是推进党的建设新的伟大工程的必然要求。在“从严治党”之前加上“全面”两字，展现出党中央的远见卓识和使命担当，也完整勾画出“四个全面”

战略布局。

协调推进“四个全面”战略布局，是党的十八大以来党中央从实现“两个一百年”奋斗目标、实现中华民族伟大复兴的中国梦的战略高度，统筹国内国际两个大局，把握我国发展新特征确定的治国理政新方略，是新的时代条件下推进改革开放和社会主义现代化建设、坚持和发展中国特色社会主义的战略抉择。

习近平总书记指出：“几年来，党的十八届三中、四中、五中全会相继就全面深化改革、全面依法治国、全面建成小康社会进行了专题研究，这次六中全会再以制定修订两个文件稿为重点专题研究全面从严治党，‘四个全面’战略布局就都分别通过一次中央全会进行了研究和部署。这是党中央根据‘四个全面’战略布局对全会议题的一个整体设计。”

这是党中央着眼全面从严治党、坚持思想建党和制度治党相结合的一个重要安排——

1980年制定颁布的《关于党内政治生活的若干准则》，第一次以党内法规形式对党内政治生活作出规范；2003年颁布施行的《中国共产党党内监督条例（试行）》，对加强党内监督、维护党的团结统一发挥了积极作用。

历史告诉我们：95年栉风沐雨、筚路蓝缕，从最初只有50多名党员发展壮大到拥有8800多万名党员的世界第一大执政党，严肃的党内政治生活，是我们党优良传统和作风的生成土壤。

实践启示我们：党内政治生活是党组织教育管理党员和党员进行党性锻炼的主要平台，与每个党员、每个党组织息息相关，是全面从严治党的根本性基础工作。党要管党必须从党内政治生活管起，从严治党必须从党内政治生活严起。

问题警醒我们：党的执政地位，决定了党内监督在党和国家各种监督形式中是最基本、第一位的。党内监督失效，其他监督必然失灵。党内监督不严起来实起来，全面从严治党就会落空。

思想建党是我们党的一个重要特色。重视思想教育和思想改造，使每个党组织都成为党员思想淬火的熔炉，我们党由此成为一个有统一意志的党。

制度治党也是我们党的一个鲜明特色。只有扎紧制度笼子、提高制度执行效力，才能有效管党治党，越来越成为全党的共识。

《准则》既有刚性的规定、也有精要的道理，体现了思想建党和制度治党有机结合，《条例》则是党的制度建设的重要成果。

这是党中央坚持问题导向，有针对性地解决党内突出矛盾和问题的关键举措——

前不久播出的电视专题片《永远在路上》，揭露的腐败分子违法犯罪事实触目惊心，反映的“落马”贪官思想蜕变过程发人深省。

舆论认为，在六中全会召开前夕播出这部专题片，传递出党中央坚定不移推进全面从严治党的决心。

坚持问题导向、底线思维，是以习近平同志为核心的党中央治国理政的鲜明品格。

一个时期以来，党内政治生活出现了亟待解决的突出矛盾和问题：一些党员、干部包括高级干部，信仰缺失、信念动摇，思想僵化、固守本本，脱离群众、独断专行，“四风”问题突出，任人唯亲、跑官要官、买官卖官、拉票贿选现象屡禁不止，滥用权力、贪污受贿、腐化堕落、违法乱纪现象滋生蔓延。特别是高级干部中极少数人政治野心膨胀、权欲熏心，搞阳奉阴违、结党营私、团团伙伙、拉帮结派、谋取权位等政治阴谋活动。党内监督也存在着主体责任缺失、监督责任缺位、管党治党宽松软等问题。

正如习近平总书记所说，政治生态和自然生态一样，稍不注意，就很容易受到污染，一旦出现问题，再想恢复就要付出很大代价。要把党内存在的突出矛盾和问题解决好，要有效化解党面临的重大挑战和危险，很重要的一条就是要完善规范、健全制度，扎紧制度的笼子。

聚焦当前党内政治生活和党内监督存在的突出问题和薄弱环节，围绕权力、责任、担当设计制度，围绕理论、思想、制度构建体系，着力解决党内政治生活庸俗化、随意化、平淡化和党内监督制度不健全、覆盖不到位、责任不明晰、执行不力等问题，是制定《准则》《条例》的鲜明指向。

发扬民主，凝聚共识，开拓党的制度建设新天地

制定《准则》，修订《条例》，这是以习近平同志为核心的党中央高瞻远瞩的战略决策。

在开展党的群众路线教育实践活动和“三严三实”专题教育中，不少同志建议结合新的形势，制定一个加强和规范党内政治生活的文件。

2014 年 1 月，习近平总书记在给刘云山同志、王岐山同志的批示中指出：“适当时机由中央就新形势下加强和规范党内政治生活作出一个决定，提出新的要求。”

2015 年 1 月、2016 年 1 月，在中央纪委五次、六次全会上，习近平总书记又对健全党内监督制度提出明确要求。

在习近平总书记的批示和要求下，两个文件制定修订的前期准备工作迅速展开、分头推进。2014 年开始，由有关方面同志参加的工作小组就加强党内政治生活问题进行调查研究，形成初步成果。2015 年

下半年开始，中央纪委机关先后召开 7 次专题会议，研究党内监督条例修订工作。

2016 年 2 月，中央政治局作出决定，党的十八届六中全会专题研究全面从严治党问题，制定新形势下党内政治生活的若干准则，修订《中国共产党党内监督条例（试行）》，文件起草工作的大幕正式拉开。

——亲任组长、挂帅出征，习近平总书记为文件起草指明方向。

2016 年 3 月 1 日，中南海怀仁堂。

习近平总书记主持召开党的十八届六中全会文件起草组第一次全体会议。会议宣布，起草组正式成立，习近平总书记担任组长，刘云山同志、王岐山同志任副组长。

起草组阵容强大，除 15 位党和国家领导同志外，还有来自党和国家有关部门的 73 位同志，其中有 33 位正部长级以上领导同志，还吸收了 2 名地方党委主要负责同志。

文件起草工作始终在习近平总书记领导下进行：对文件起草涉及的重大理论和实际问题作出指导，指出制定《准则》的根本定位、基本要求、关键环节，明确修订《条例》需要突出抓住的问题；认真听取各地区各部门意见和建议汇总情况报告，研究确定文件框架方案；主持讨论文件稿的框架和基本内容，提出修改完善的具体要求……

既牢牢把握大的方向和基调，又明确提出具体思路和方法。

理清历史脉络，做足前期功课——

根据习近平总书记“深入学习、加强调研”的要求，起草组收集了党的历史上所有相关文件法规，马克思主义经典作家和党的历代领袖相关论述，特别是党的十八大以来习近平总书记重要讲话，也包括国外政党监督相关制度，以资借鉴。

至 3 月中旬，卷帙浩繁的四册《重要文献选编》整理汇集完毕，为文件起草工作提供了充分的理论准备。

回应现实需求，明确工作方向——

习近平总书记在起草组第一次全体会议上提出，文件制定得好不好，关键看能不能解决党内存在的突出问题；习近平总书记在第二次全体会议上强调，发现问题、研究问题、解决问题既是基本要求也是基本方法；习近平总书记在第三次全体会议上再次强调，有什么突出问题就着力解决什么问题……

根据习近平总书记要求，起草组始终将问题意识贯穿文件起草工作全过程。

突出重点难点，保证务实管用——

按照习近平总书记要求，起草组把高级干部这个“关键少数中的关键少数”突出出来，明确了两个文件针对的重点对象；认真研究党的十八大以来所有“落马”中管干部忏悔录，从反面教材中吸取教训。

——集思广益、凝聚共识，文件起草工作是一次充分发扬民主、贯彻民主集中制的生动实践。

起草工作启动当天，党中央向各地区各部门发出通知，广泛征求意见。

不到一个月，起草组共收到意见和建议 119 份，经编辑整理成“意见和建议汇总本”，共计 56 万字。根据这些材料，又专门列出问题清单和举措意见建议清单，供起草组参考。

8 月 5 日，两个文件的征求意见稿再次发往各地区各部门，并向民主党派中央、全国工商联和无党派人士征求意见。

各地区各部门高度重视、认真对待，一条条建议、一份份意见，汇聚到党的中枢。

至 8 月 27 日晚，117 份各地区各部门的书面反馈材料全部返回。

意见和建议共计 1955 条，扣除重复意见后为 1582 条，其中原则性意见 354 条、具体意见 1228 条。

起草组本着认真研究、全面梳理、逐条斟酌、尽量吸收的原则，对两个文件稿又进行了 378 处修改，覆盖 114 个单位和党外人士的 586 条意见建议，其中覆盖党外人士意见 10 条。反馈意见吸收率达 30%。

8 月 16 日，中南海怀仁堂，习近平总书记召开座谈会征求党外人士意见。

各民主党派中央、全国工商联和无党派人士一致认为，中共十八届六中全会专题研究全面从严治党问题，并制定修订两个文件，彰显了中共中央把全面从严治党的政治承诺转化为制度与行动的决心和意志，具有里程碑式的意义。

——反复锤炼、不断升华，文件的出台倾注了大量心血。

8 个月的讨论、研究、起草，再讨论、再研究、再修改……文件起草组驻地忙忙碌碌。

从 3 月 1 日起至六中全会召开前，文件起草组先后召开 4 次全体会议，中央政治局常委会先后召开 3 次会议、中央政治局先后召开 2 次会议。

一遍遍修改，一次次审议，从框架方案到讨论稿，从送审稿到征求意见稿，两个文件稿渐趋成熟、呼之欲出。

9 月 27 日，中央政治局会议听取了两个文件稿在党内外一定范围征求意见的情况报告，决定根据这次会议讨论的意见进行修改后，将文件稿提请党的十八届六中全会审议。

10 月 24 日，京西宾馆，党的十八届六中全会隆重开幕。

“在 8 个月时间里，文件起草组开展专题调研，广泛征求意见和建议，反复讨论修改……文件稿主题鲜明、思路清晰，内容丰富、重点突出，措施有力、务实管用，思想性、指导性、操作性都很强。”习近平总书记就两个文件起草的有关情况向全会作出说明。

围绕这两个党内法规，与会同志进行了充分讨论，谈感受、谈认识、说意见、提建议，气氛热烈。会议期间，根据各方意见和建议，文件修改工作继续紧锣密鼓地进行。

全会期间，习近平总书记再次主持中央政治局常委会会议，听取全会各组意见和文件起草组修改建议，对修改后的文件稿进行审议。形成的修改稿再次提交全会分组征求意见。

10 月 27 日下午，六中全会闭幕会在人民大会堂举行，散发着墨香的《准则（草案）》和《条例（草案）》摆在了每一位中央委员面前。

动员全党力量、凝聚各方智慧、反映各界共识铸就的管党治党制度“利器”，获得一致通过。

继承创新，务实管用，开启全面从严治党新征程

“努力拿出经得起历史和实践检验的好文件。”习近平总书记对文件起草工作提出明确要求，寄予殷切期望。

党中央清醒认识到，党内存在的突出问题，有的是长期积累下来的，有的是新出现的；有的是体制机制不完善造成的，有的是制度执行不严造成的；有的是管理不到位，有的是党员、干部的党员意识和纪律观念不强；有的是通过针对性措施就可以解决的表层问题，有的是需要综合施策、经过长期努力才能从根本上扭转的深层次问题。

起草过程中，习近平总书记强调最多的是“加强研究重大问题”“继续思考重大举措”。

《准则》分三大板块、12 部分，在系统总结近年来尤其是党的

十八大以来全面从严治党新举措新经验新成果基础上，提出 160 多条新的重大观点和重大举措：

——坚持党的领导，首先是坚持党中央的集中统一领导；

——涉及全党全国性的重大方针政策问题，只有党中央有权作出决定和解释；

——建立上级组织在作出同下级组织有关重要决策前征求下级组织意见的制度；

——实行权力清单制度，公开权力运行过程和结果，健全不当用权问责机制；

……

《条例》也分三大板块，共 8 章 47 条，聚焦当前党内监督存在的突出问题，体现现实针对性：

——将党的中央组织的监督单设一章，强调党中央带头加强监督，带头接受监督，体现党中央以身作则、以上率下；

——党组织对党内监督中发现的问题，应当做到条条要整改、件件有着落；

——实行领导干部插手干预重大事项记录制度；

……

小智治事，大智治制。

在征求意见和全会审议中大家认为，《准则》和《条例》以严的要求、严的标准、严的措施，突出了全面从严治党的时代特点，展现出以习近平同志为核心的党中央创造性管党治党的智慧和魄力。

继承和创新有机统一，是《准则》和《条例》最鲜明的特点——

法与时转则治，治与世宜则有功。

不断总结我们党长期以来形成的历史经验和成功做法，并结合新的形势任务和实践要求加以创新，这是我们党抓党的建设的一条重要经验。

在起草组第一次全体会议上，习近平总书记强调指出，要总结运用党内政治生活历史经验，发扬光大优良传统，同时紧跟时代前进步伐，深化对党内政治生活规律性的认识，善于以新的经验指导新的实践。

文件起草组认真把握这一重要原则，既深入总结我们党在加强自身建设方面的经验和教训，注重继承和发扬我们党在长期实践中形成的制度规定和优良传统，又深入贯彻党的十八大以来习近平总书记就全面从严治党提出的新思想新论断新要求，充分反映党中央推进全面从严治党的新举措新经验新成果，体现时代性、创新性。

继承和创新有机统一，在新准则同1980年准则关系上得到集中体现。

习近平总书记指出，制定和颁布新准则，不是要替代1980年准则，而是要在坚持其主要原则和规定的基础上，针对新情况新问题作出新规定。

坚持集体领导、反对个人专断，维护党的集中统一、严格遵守党的纪律，要讲真话、言行一致，接受党和群众的监督、不准搞特权……1980年准则的主要原则和规定得到进一步重申。新老准则相互联系、一脉相承，都是当前和今后一个时期党内政治生活所必须遵循的。

坚持以党章为根本依据，《准则》和《条例》把党章的一些基本要求具体化——

党的十八大以来，习近平总书记多次强调，全面从严治党，首先要学习党章、遵守党章、贯彻党章、维护党章。

党章是党内根本大法，是规范和制约全党行为的总章程。准则在党内法规体系中的位阶仅次于党章，是对全党政治生活、组织生活和全体党员行为作出的基本规定。条例次之，是对党的某一领域重要关系或者某一方面重要工作作出的全面规定。

“党内政治生活的一切规范都要贯彻党章精神、体现党章要求、符合党章有关规定。”习近平总书记明确要求。

《准则》和《条例》突出尊崇党章、贯彻党章、维护党章，着力将党章关于党内政治生活和党内监督的要求具体化。

例如，党章中规定的民主集中制原则，在准则相关部分得到充分体现。

再如，党章中关于党员民主权利和保障的规定，在准则中有专门部分加以体现。

又如，党章中关于党同人民群众密切联系的规定，在准则中也有专门内容作出具体安排。

《条例》则将党章中关于党内监督的原则性要求进行细化，分别就党的中央组织、党委（党组）、党的纪律检查委员会、基层党组织和党员 4 类监督主体的监督职责以及相应监督制度作出规定。

多方面反映，《准则》和《条例》与党章浑然一体、系统配套，进一步突显了党章在全面从严治党中的地位和作用。

抓要害、出实招，《准则》和《条例》体现制度管用、行之有效——

“有什么突出问题就着力解决什么问题，观点要有深度，措辞要严谨，举措要有效管用，条目不设限。”

习近平总书记有关坚持问题导向的要求，贯穿文件起草始终。

针对理想信念缺失、“四个自信”不足，《准则》鲜明提出必须把坚定理想信念作为开展党内政治生活的首要任务，考察识别干部特别是高级干部必须首先看是否坚定不移贯彻党的基本路线。

针对宗旨意识淡漠、热衷形式主义，《准则》明确要求对一切搞劳民伤财的“形象工程”和“政绩工程”的行为，要严肃问责追责，依纪依法处理。

针对宗派主义、山头主义不良风气，《准则》明确表示任何人都不准把党的干部当作私有财产，党内不准搞人身依附关系。

针对党内监督不健全、覆盖不到位问题，《条例》既明确监督主体、完善监督体系，又强调党内监督没有禁区、没有例外，监督者也要被监督。

直面当前党内政治生活和党内监督存在的突出问题和薄弱环节，《准则》和《条例》立规矩、添措施，指向明确，重点突出，受到党内外一致好评。

约束与激励相结合，《准则》和《条例》有利于调动党内积极性创造性——

“不准”“不能”“禁止”……《准则》和《条例》中，对党员、干部的行为规范划定了“底线”“红线”，尺度更严、标准更高。

是约束也是激励，约束与激励辩证统一。

参加审议的中央委员认为，全面从严治党，全党都严格遵守政治纪律和政治规矩，这就是对党员、干部和各级党组织的最大保护。

《准则》和《条例》中都有很多对党员、干部的激励性、保护性规定。比如：干部是党的宝贵财富，必须既严格教育、严格管理、严格监督，又在政治上、思想上、工作上、生活上真诚关爱，鼓励干部干事创业、大胆作为；领导机关和领导干部不准以任何理由和名义纵容、唆使、暗示或强迫下级说假话；建立容错纠错机制，宽容干部在工作中特别是改革创新中的失误；任何组织和个人不得自行决定或受指使对党员、干部采取非法调查手段；党组织应当保障党员知情权和监督权，鼓励和支持党员在党内监督中发挥积极作用；对干扰妨碍监督、打击报复监督者的，依纪严肃处理。这些规定，有利于充分调动党员、干部的积极性。

约束与激励相结合，正是依规治党的初衷。《准则》和《条例》都是为了努力在全党形成又有集中又有民主、又有纪律又有自由、又有统一意志又有个人心情舒畅生动活泼的政治局面。

贵在执行，重在落实，开创党的建设新的伟大工程新局面

“加强和规范党内政治生活、加强党内监督是全党的共同任务，必须全党一起动手。各级党委（党组）要全面履行领导责任，着力解决突出问题，把加强和规范党内政治生活、加强党内监督各项任务落到实处。”

党的十八届六中全会上，习近平总书记坚定的话语对全面从严治党工作提出了明确要求。

随着《准则》和《条例》的出台，“制度笼子”越扎越紧，管党治党的制度化建设更加完善。

规矩齐全并不会自成方圆。制度的力量只有在执行中方能显现，制度的效果只有在实践中才能检验。严肃党内政治生活，加强党内监督，要制度行于先，更要落实随其后。

狠抓落实，就要学深学透、融会贯通，全面落实全会确定的各项任务——

学习宣传贯彻六中全会精神，是当前和今后一个时期全党全国的重要政治任务，全体党员需要内化于心、外化于行。

六中全会的召开，对于推进全面从严治党，解决党内存在的突出矛盾和问题，不断增强党自我净化、自我完善、自我革新、自我提高能力，

意义重大。只有深刻认识领会全会的精神要义，才能在实践中坚定不移落实《准则》和《条例》的各项规定。

习近平总书记在全会上发表的重要讲话，深刻阐明全面从严治党的重大意义，深入回答管党治党的一系列重大理论和现实问题。只有深入学习才能准确掌握行动的纲领、实践的遵循。

狠抓落实，就要以上率下、以身作则，突出领导干部特别是高级干部这个“关键少数”和“关键少数中的关键少数”——

风成于上，俗化于下。党的十八大以来，在动真碰硬的反腐败斗争中，查处了近 200 名高级干部。他们违法乱纪，大行腐败之道，产生上行下效的负能量，败坏了党风政风，带坏了一批党员、干部。

哪里问题最严重，就要在哪里下猛药。

“加强党的建设必须抓好领导干部特别是高级干部，而抓好中央委员会、中央政治局、中央政治局常委会的组成人员是关键。”“把这部分人抓好了，能够在全党作出表率，很多事情就好办了。”

习近平总书记在全会上的讲话直击问题的核心所在。

贯彻落实《准则》和《条例》，要始终盯住领导干部特别是高级干部，发现问题及时提醒、批评、纠正、处理。不掩盖问题、护短遮丑，不大事化小、小事化了。

各级领导干部特别是高级干部，更要清醒认识自己岗位的特殊重要性，树立和增强自律意识、标杆意识、表率意识，以对党的绝对忠诚以上率下、以身作则，带头营造良好的党内政治生态。

在审议通过的《准则》中，明确提出要制定高级干部贯彻落实本准则的实施意见。全面从严治党，文件要落到实处；抓住“关键少数”，脚步需一刻不停。

狠抓落实，就要坚持思想建党和制度治党相结合——

思想是根本，规矩是保障。

党的十八大以来，党中央以作风建设为突破口，在党的群众路线教育实践活动中强基固本，在党风廉政建设和反腐败斗争中激浊扬清，在“三严三实”专题教育中锤炼党性，在“两学一做”学习教育中砥砺全党，思想建党的步伐坚实有力。

党的十八大以来，党中央陆续出台《中国共产党廉洁自律准则》和《中国共产党纪律处分条例》，为全党树立了道德高线和纪律底线；出台《党政领导干部选拔任用工作条例》，构建科学有效的选人用人机制；出台《推进领导干部能上能下若干规定（试行）》，推动形成能者上、庸者下、劣者汰的用人机制……依规治党的决心毫不动摇。

立规明矩，纲举目张。随着这次《准则》和《条例》的正式施行，全面从严治党掀开了崭新一页。

严肃党内政治生活，只有抓好思想教育这个根本，才能教育党员、干部筑牢信仰之基、补足精神之钙、把稳思想之舵；只有抓好严明纪律这个关键，才能把纪律规矩立起来、严起来，切实扎紧织密制度的笼子；只有抓好选人用人这个导向，才能以用人环境的风清气正促进政治生态的“山清水秀”；只有用好组织生活这个经常性手段及批评和自我批评这个武器，才能加强经常性教育、管理、监督，彰显党内政治生活的本质。

不断加强党内监督，各级党委要肩负起主体责任，强化管党治党的责任担当，把监督责任牢牢扛在肩上，敢抓敢管、勇于监督；纪委和党的工作部门要各司其职，充分履行监督执纪问责职责；充分发挥党员的民主监督作用，同时把党内监督与人民监督结合起来，共同推动全面从严治党不断走向深入。

我们的事业前进到哪里，党的建设就要进行到哪里。

回望党的十八大以来4年时间，一系列新举措建章立制、凝心聚力，一套套组合拳直击积弊、扶正祛邪，党的建设开创了崭新局面，党风政风呈现出全新气象。全面从严治党的实践试出了人心向背，全面从严治党的成果振奋了党心民心。

面向未来，全党同志要认真学习领会、坚决贯彻落实党的十八届六中全会精神，进一步增强“四个意识”特别是核心意识、看齐意识，更加紧密地团结在以习近平同志为核心的党中央周围，更加坚定地维护以习近平同志为核心的党中央权威，更加自觉地在思想上政治上行动上同以习近平同志为核心的党中央保持高度一致，更加扎实地把党中央各项决策部署落到实处，以优异的成绩迎接党的十九大召开，以更加昂扬向上的姿态为实现“两个一百年”奋斗目标、实现中华民族伟大复兴的中国梦而不懈奋斗！

（新华社北京2016年11月3日电　新华社记者霍小光、张晓松、罗宇凡、朱基钗）

面向新时代的政治宣言和行动纲领

——党的十九大报告诞生记

2017年10月18日上午，北京人民大会堂。中国共产党第十九次全国代表大会在这里隆重举行。

习近平同志健步走向报告席，代表第十八届中央委员会，向大会作了题为《决胜全面建成小康社会 夺取新时代中国特色社会主义伟大胜利》的报告。

3万余字，近3个半小时，2300多名代表和特邀代表响起70多次掌声。这掌声凝聚着党心和民心，这掌声升腾起信心和力量。

这是中国共产党人面向未来的庄严宣誓——

不忘初心，牢记使命，高举中国特色社会主义伟大旗帜，决胜全面建成小康社会，夺取新时代中国特色社会主义伟大胜利，为实现中华民族伟大复兴的中国梦不懈奋斗。

这是全党全国人民为实现中华民族伟大复兴而奋斗的行动指南——

把习近平新时代中国特色社会主义思想同马克思列宁主义、毛泽东思想、邓小平理论、“三个代表”重要思想、科学发展观一道确立为我们党的行动指南，开辟了当代中国马克思主义新境界。

这是社会主义现代化征程中的崭新起点——

我们既要全面建成小康社会、实现第一个百年奋斗目标，又要乘势而上开启全面建设社会主义现代化国家新征程，向第二个百年奋斗目标进军。

科学把握国际国内大势，深入研究事关全局的重大问题——党的十九大报告起草工作始终在中央政治局常委会直接领导下进行，习近平总书记亲自担任文件起草组组长

2016 年 10 月，党的十八届六中全会决定：2017 年下半年召开党的十九大。

在全面建成小康社会决胜阶段、中华民族走向伟大复兴的关键时期，这一继往开来、承前启后的盛会将作出怎样的战略部署？如何推进实现中华民族伟大复兴中国梦的历史进程？举国关注，举世瞩目。

作为党的十九大筹备工作的重要组成部分，起草出一个凝聚全党智慧、顺应人民群众期待、对我国发展具有指导作用、在国际社会产生广泛影响的报告，是大会胜利举行的重要环节。

2017 年 1 月 13 日上午，中南海怀仁堂。

习近平总书记主持召开党的十九大文件起草组第一次全体会议，宣布党中央关于成立党的十九大文件起草组的决定。文件起草组由习近平总书记担任组长，刘云山、王岐山、张高丽同志任副组长。

会上，习近平总书记要求充分认识做好党的十九大报告起草工作的重大意义，坚持正确思想方法，科学分析和把握国际国内形势，深入研究关系党和国家事业发展的重大问题。

按照习近平总书记的部署和要求，起草组围绕一系列重大理论和

实践问题开展实地调研、组织专题调研。

在这次会议上，习近平总书记还明确指出，党的十九大报告起草要遵循“五个坚持”的指导原则：

——坚持正确政治方向。“党的十九大报告是政治报告，阐明对关系党和国家事业发展一系列重大问题的政治立场、政治态度、政治原则，坚持从政治上研究和把握问题是第一位要求。”

——坚持解放思想、与时俱进。提倡民主讨论、相互切磋、畅所欲言、集思广益，勇于探索和研究重点、难点、热点问题，激励大家开动脑筋、贡献智慧。

——坚持战略思维和系统思维。“我们提出的思想理论和方针政策有没有前瞻性和预见性，我们作出的决策部署有没有指导性和可持续性，要看我们能不能从战略上全局上对我国发展和世界发展作出科学预判。”

——坚持问题导向、强化问题意识。“要把问题作为研究制定方针政策的起点，从问题最集中的地方和最突出的问题入手，把准政策基点，合理设定预期，把政策建立在解决最突出的矛盾和问题、满足人民群众最迫切的愿望和要求之上。”

——坚持从实际出发。“要坚持实事求是的科学态度，坚持立足现实和着眼长远相统一，提目标、定任务、出政策要从实际出发，决不能脱离实际、超越阶段。”

5月9日，报告框架方案呈报文件起草组第三次全体会议。习近平总书记在听取汇报和讨论后指出，党的十九大报告是我们党站在“两个一百年”奋斗目标的历史交汇点上，对党、对国家、对中华民族发展所作的宏观设计和政治宣言。新形势下，统筹推进“五位一体”总体布局，协调推进“四个全面”战略布局，有许多重大理论和实践问题需要回答。

如何对过去5年的工作进行全面客观的总结?

如何对党的十八大以来党的理论创新和实践创新成果进行概括和提炼?

如何阐述新形势下中国共产党的历史使命以及完成历史使命必须坚持的重大原则和必须解决的重大问题?

……

习近平总书记指出，这些重大理论和实践问题是报告起草必须攻克的重点，也是推进理论创新和实践创新的关节点。只有把重大问题搞清楚，才能明确报告大方向主脉络，理清思路，打通关节。

理论创新和实践创新永无止境。我们党作为世界上最大的发展中国家和最大的社会主义国家执政党，需要解决的困难和问题、需要应对的风险和挑战，远比世界上其他国家要多、要严峻。只有始终保持改革创新勇气，勇于突破思维定势，才能不断打开事业发展新局面。

6月28日，习近平总书记主持召开文件起草组第四次全体会议，强调要继续在提出新思想新观点新举措上下功夫，从历史和现实、理论和实践、国内和国际等的结合上进行思考，得出科学准确的结论。

7月13日至24日，习近平总书记先后主持召开两次中央政治局常委会会议和一次中央政治局会议，审议党的十九大报告稿。

——7月13日，中央政治局常委会会议第一次审议报告稿，中央政治局常委同志在听取汇报后，一致赞成报告稿的框架思路、内容结构、重大观点、主要提法，提出了重要意见。

——7月20日，中央政治局常委会会议第二次审议报告稿，中央政治局常委同志提出了重要修改意见。

——7月24日，中央政治局会议第一次审议报告稿，中央政治局委员一致赞成报告稿的框架思路、内容结构，赞成报告稿提出的主题主线、指导思想、基本方略、重大论断、决策部署。

7月26日，党的十九大召开前夕，习近平总书记在省部级主要领导干部专题研讨班开班式上发表重要讲话，指出中国特色社会主义是改革开放以来党的全部理论和实践的主题，全党必须高举中国特色社会主义伟大旗帜，牢固树立中国特色社会主义道路自信、理论自信、制度自信、文化自信，确保党和国家事业始终沿着正确方向胜利前进。

新加坡《联合早报》刊文指出，这次重要讲话已经勾勒出中国共产党第十九次全国代表大会的政治和理论框架。

“我们要牢牢把握我国发展的阶段性特征，牢牢把握人民群众对美好生活的向往，提出新的思路、新的战略、新的举措，继续统筹推进‘五位一体’总体布局、协调推进‘四个全面’战略布局，决胜全面建成小康社会，夺取中国特色社会主义伟大胜利，为实现中华民族伟大复兴的中国梦不懈奋斗。”

因时而变，随事而制。习近平总书记的“7·26”重要讲话蕴含着我们党对世情国情党情的深入观察和科学预判，为规划未来5年乃至更长时期我国发展蓝图明确了基调。

“党的十九大报告的孕育诞生，并不是始于起草组成立之日，其中的重大理论、重大论断、重大决策，都离不开习近平总书记长期以来的理论思考和实践探索。”文件起草组成员说。

过去5年，习近平总书记到基层考察调研50次、累计151天，走最崎岖的山路，去最贫困的地方，倾听民情民意，深入调查研究，用遍布神州大地的足迹践行人民至上的承诺。

过去5年，习近平主席28次出访，足迹遍及五大洲、56个国家以及主要国际和地区组织，以元首外交引领中国特色大国外交呈现全新气象。

过去5年，以习近平同志为核心的党中央围绕新时代坚持和发展什么样的中国特色社会主义、怎样坚持和发展中国特色社会主义这个重大时代课题，进行了一系列深刻阐述，作出了一系列重大部署，形成了一系列治国理政新理念新思想新战略。

这样的探索追寻，这样的创新开拓，贯穿在党的十八大以来的历次全会中，融汇于过去5年中国特色社会主义建设的火热实践中，为党的十九大报告起草提供了丰厚依据。

春华秋实，硕果累累。

10月18日上午，习近平同志代表第十八届中央委员会向大会作报告。

代表们为之振奋："党的十九大报告，在总结过去5年工作的基础上作出一系列重大理论概括、重大实践总结、重大战略部署，在深刻阐述习近平新时代中国特色社会主义思想的基础上明确了基本方略，指明了实现中华民族伟大复兴中国梦的前进方向，是中国特色社会主义进入新时代的开篇之作，是实现中华民族伟大复兴的奠基之作。"

凝聚全党意志，顺应人民期待
——党的十九大报告起草是一次发扬党内民主、集中党内智慧的过程，是解放思想和统一思想有机结合的过程

党的十九大报告起草伊始，习近平总书记就反复强调："起草好党的十九大报告，是发扬党内民主、集中党内智慧的过程，是解放思想和统一思想有机结合的过程。"

"中国特色社会主义进入新时代，我国社会主要矛盾已经转化为人民日益增长的美好生活需要和不平衡不充分的发展之间的矛盾。"

党的十九大报告对我国社会主要矛盾变化作出的重大论断，格外引人注意。

1956 年，党的八大指出，我们国内的主要矛盾，已经是人民对于经济文化迅速发展的需要同当前经济文化不能满足人民需要的状况之间的矛盾。

1981 年，党的十一届六中全会指出，我国所要解决的主要矛盾，是人民日益增长的物质文化需要同落后的社会生产之间的矛盾。

改革开放后，随着社会生产力的发展和人民生活需要的变化，我国社会主要矛盾也在累积着变化。在党的十六大报告、十七大报告、十八大报告起草过程中，就曾有人提议修改我国社会主要矛盾的表述。因为时机还不成熟，这个问题未有定论。

党的十九大报告起草调研中，几乎所有的反馈都认为，重新定义我国社会主要矛盾的时机已经成熟，但如何定义却意见不一。

习近平总书记要求先不要急于下结论，要深入调查研究，进行认真细致思考。有关方面按照要求，深入调研，听取各方面意见，进行广泛讨论，最终对当前我国社会主要矛盾的认识趋于一致。这一几上几下、科学审慎的认识过程，正是报告起草工作发扬党内民主、集中党内和各方智慧的写照。

如何践行新发展理念，推动经济持续健康发展？

如何创新社会治理方式，提高社会建设和管理水平？

如何深化生态文明体制改革，加快建设美丽中国？

如何坚持走中国特色强军之路，加快建设世界一流军队？

……

要回答好这些重大问题，同样必须进行充分的调查研究。报告起草工作从一开始，就对调研工作高度重视，并作出了专项部署。

1月17日，中共中央向各省、自治区、直辖市党委，中央各部委，国家机关各部委党组（党委），解放军各大单位、中央军委机关各部门党委，各人民团体党组发出《关于对党的十九大报告议题征求意见的通知》，决定对党的十九大报告议题在党内一定范围内组织讨论，广泛征求意见。同时，还将通过一定方式征求党外人士意见和建议。

2月上旬，根据起草组的工作部署，9个调研组赴16个省区市，就党的十九大报告议题进行调研，召开各级各类座谈会65次。

2月20日至3月31日，按照党中央部署的21个重大理论和实践问题，59个承担部门和单位组成80个调研组，深入1817个基层单位开展实地调研，召开1501次座谈会和研讨会，参会或接受访谈人数21532人，形成80份专题调研报告。这些成果为报告起草奠定了坚实基础。

一次次访谈，汇聚了广大党员的意见和建议；一次次调研，带回基层群众的深切期盼。

5月下旬，25个国家高端智库建设试点单位提交了65份围绕党和国家发展面临的重大理论和实践问题开展深入调研形成的报告，提供起草组研究参考。

8月5日，中共中央向各省、自治区、直辖市党委，中央各部委，国家机关各部委党组（党委），解放军各大单位、中央军委机关各部门党委，各人民团体党组发出通知，在党内一定范围组织讨论，征求对党的十九大报告稿的意见。

从善如流，兼收并蓄。

从议题设置，到谋篇布局，再到具体表述，只有坚持解放思想、实事求是，方能起草出对我国发展具有指导作用、在国际社会产生广泛影响的报告。

截止到8月25日，各地区各部门各方面对党的十九大报告征求意见稿的意见和建议按期全部返回，共计征求4700余人的意见，收到书面反馈材料总计118份。中央领导同志和党内老同志反馈意见33份。

从21日至25日，习近平总书记在中南海怀仁堂主持召开5次座谈会，分片当面听取31个省区市党政主要负责同志、解放军各大单位和中央军委机关有关部门主要负责同志对报告的修改意见和建议——这是党的全国代表大会文件起草工作的惯例，也是科学决策、民主决策的实践。

8月30日，习近平总书记在中南海怀仁堂主持召开座谈会，当面听取各民主党派中央、全国工商联领导人和无党派人士对党的十九大报告征求意见稿的意见。与会党外人士开诚布公、畅所欲言，提出了许多意见和建议，并提交了10份书面材料。习近平总书记在听取发言后，代表中共中央表示感谢，要求文件起草组认真研究吸纳党外人士意见和建议。

调查、研究、论证，再调查、再研究、再论证。

一次次讨论开放包容，一处处修改字斟句酌，报告就在一点一滴中逐步完善——

经过汇总、整理，各地区各部门各方面共提出修改意见2027条，扣除重复意见后为1773条，其中原则意见179条，具体修改意见1594条；具体修改意见中，实质性修改意见1208条，文字性修改意见386条。

根据习近平总书记的重要指示精神，文件起草组还重点研究吸纳了中央领导同志、从中央领导职务退下来的老同志对党的十九大报告征求意见稿反馈的意见和建议。

截止到提交党的十八届七中全会讨论，文件起草组对党的十九大报告共作出增写、改写、文字精简986处，覆盖各方面意见和建议864条。

10月11日，党的十八届七中全会召开。文件起草组全体同志认真听取全会中委10个分组和中纪委4个分组关于报告的讨论发言，连夜召开工作会议，逐条研究修改意见，提出吸纳建议。

10月14日，党的十八届七中全会第二次全体会议表决通过党的十八届中央委员会向党的十九大的报告（草案）。

按照习近平总书记对报告起草工作的重要指示精神，起草组认真吸纳各方意见，逐条研究，对许多重大问题深入研究，对一些重要表述反复推敲。

光阴荏苒，夏去秋来。

起草组始终按照习总书记强调的“寻求最大共识”的要求，就报告起草涉及的重大理论和实践问题边研究边起草，反复修改、精心打磨。

10月18日，党的十九大开幕会上，这份凝结了全党智慧和心血的报告摆在了2300多名代表和特邀代表的面前。

党的十九大代表是由各级党组织和广大党员选举产生的，他们来自各个方面、各个领域，对实际工作和群众意愿有深刻了解。大会召开前，代表们采取不同方式，认真听取所在选举单位党员群众的意见，并且把他们的期盼和愿望带到了大会上。

10月19日，习近平同志参加党的十九大贵州省代表团讨论。代表们纷纷结合实际，对报告发表意见，畅谈认识和体会。习近平同志边听边记，同代表们展开深入讨论。

习近平同志说，党的十九大报告进一步指明了党和国家事业的前进方向，是我们党团结带领全国各族人民在新时代坚持和发展中国特色社会主义的政治宣言和行动纲领。要深刻学习领会中国特色社会主义进入新时代的新论断，深刻学习领会我国社会主要矛盾发生变化的新特点，深刻学习领会分两步走全面建设社会主义现代化国家的新目标，深刻学习领会党的建设的新要求，激励全党全国各族人民万众一心，开拓进取，把新时代中国特色社会主义推向前进。

党的十九大召开期间，根据各代表团和列席人员两轮讨论反馈的意见，对报告稿又作了修改。

党的十九大报告在党内外、海内外产生强烈反响。从起草过程和反响可以看出，党的十九大报告是充分发扬民主、集中全党智慧的产物，是反映全党意志、体现人民意愿的报告。

不忘初心，牢记使命
——党的十九大报告高举习近平新时代中国特色社会主义思想伟大旗帜，引领亿万人民为实现中华民族伟大复兴的中国梦不懈奋斗

10 月 24 日上午，北京人民大会堂。中国共产党第十九次全国代表大会闭幕会在这里举行。经久不息的掌声中，党的十九大报告通过。

这个领导着世界第二大经济体、拥有 8900 多万名党员的全球第一大政党，向世界展示出愈加成熟、愈发强大的信心和力量。这个近代以来久经磨难的民族，以更加坚定的意志、更加昂扬的斗志迈向社会主义现代化新征程。

今天，面向“两个一百年”奋斗目标的历史交汇期，党的十九大报告对我们党团结带领全国各族人民迈向新征程至关重要。

——这是一份不忘初心、勇担使命的政治宣言。

“中国共产党人的初心和使命，就是为中国人民谋幸福，为中华民族谋复兴。”

中国共产党从诞生之日起，就义无反顾地肩负起这份历史使命，在96年波澜壮阔的革命、建设、改革历程中，百折不挠、历久弥新，永志不忘、矢志不渝。也正是在中国共产党的领导下，中华民族迎来了实现伟大复兴的光明前景。

这份初心，源于96年前南湖红船上生起的革命火种；对这个承诺，一代又一代中国共产党人接续践行、从未改变。

全面回顾过去5年的工作和历史性变革，深刻阐释“四个伟大”的逻辑联系，生动勾勒社会主义现代化强国的轮廓，科学制定民族复兴的时间表、路线图……党的历史使命贯穿党的十九大报告始终，串起国家与民族的过去、现在、未来。

“中华民族伟大复兴，绝不是轻轻松松、敲锣打鼓就能实现的。全党必须准备付出更为艰巨、更为艰苦的努力。”

中国共产党人对历史使命的自觉担当，激起无数人内心的回响。

如何在新的时代条件下，更好地担负起历史赋予的使命？

报告作出清晰回答：“伟大斗争，伟大工程，伟大事业，伟大梦想，紧密联系、相互贯通、相互作用，其中起决定性作用的是党的建设新的伟大工程。”

报告对推进党的建设新的伟大工程作出了全面系统部署，为我们党更好担负起历史使命提出“革命性锻造”要求：“打铁必须自身硬”“全面从严治党永远在路上”“把党的政治建设摆在首位”“夺取反腐败斗争压倒性胜利”“全面增强执政本领”……

无论时代如何变迁、挑战如何艰巨，中国共产党的历史使命从未改变，担当一如既往。

有海外学者曾这样评价：“中国共产党不仅是一个执政党，更是一个使命党。”

这份历史使命，不仅是对自己的国家、人民、民族的忠诚交付，也是对全世界、全人类的命运关怀。

新中国成立之初，毛泽东同志就曾指出：“中国应当对于人类有较大的贡献。”

今天，党的十九大报告庄严宣布：“中国共产党是为中国人民谋幸福的政党，也是为人类进步事业而奋斗的政党。中国共产党始终把为人类作出新的更大的贡献作为自己的使命。”

——这是一种人民至上的执政情怀。

统计发现，3万多字的党的十九大报告中，“人民”二字出现超过200次。

党的十九大报告把对人民福祉的热情关注，倾注于字里行间：

提出“推动城乡义务教育一体化发展”，大力促进教育公平，加快补齐乡村教育的短板；

提出“幼有所育、学有所教、劳有所得、病有所医、老有所养、住有所居、弱有所扶”，在以往提法的基础上增加对“幼”和“弱”的关怀，使民生保障覆盖每个人生命全周期的重要方面；

写入“保护人民人身权、财产权、人格权”，强化国家对人民合法权益的全面保护……

党的十九大报告对人民权利的尊崇，彰显我们党一以贯之的人民情怀：“坚持以人民为中心”“把党的群众路线贯彻到治国理政全部活动之中”“坚持人民当家作主”“保证人民当家作主落实到国家政治生活和社会生活之中”“坚持在发展中保障和改善民生”“保证全体人民在共建共享发展中有更多获得感”……

“人民总是被放在第一位。人民是国家的主人，中国共产党存在的意义是为人民服务，这一点在报告中非常明确。”党的十九大报告葡萄牙文语言翻译专家拉法埃尔对此印象深刻。

5年前，刚刚当选中共中央总书记的习近平曾对中外媒体宣示：“人民对美好生活的向往，就是我们的奋斗目标。”

今天，党的十九大报告高扬的旗帜上，“人民”的底色光彩如初、分外耀眼——“永远与人民同呼吸、共命运、心连心，永远把人民对美好生活的向往作为奋斗目标”。

——这是一份高屋建瓴、视野开阔的行动指南。

党的十九大报告作出了中国特色社会主义进入了新时代等重大政治论断，提出了习近平新时代中国特色社会主义思想这一重大理论成果。

这是贯穿3万多字报告的灵魂，也是解读党面向新时代的政治宣言和行动纲领的关键。

这一系列重要论断，既有面对世界格局的深刻调整、中国发展的深刻变化，我们党对国家发展历史方位的清醒认识，也有我们党对时代提出的重大课题的明确回答——坚持和发展什么样的中国特色社会主义、怎样坚持和发展中国特色社会主义。

报告阐述的习近平新时代中国特色社会主义思想的“八个明确”与新时代坚持和发展中国特色社会主义基本方略的“十四个坚持”，有机统一、相辅相成，既是过去5年最具深远意义的思想理论成就，也是党的十九大报告的最大亮点。

美国《华尔街日报》网站报道称，习近平新时代中国特色社会主义思想似乎涵盖了中国继续发展面临的所有决策和涉及的所有挑战。

“实践没有止境，理论创新也没有止境。”

人民大会堂内外，代表们热烈讨论，高度赞同。报告把习近平新时代中国特色社会主义思想确立为党必须长期坚持并不断发展的指导思想，实现了马克思主义中国化的又一次飞跃。这是我们党书写在历史上的新的重大贡献，是中国共产党人新时代的精神支柱和力量源泉。

——这是一个豪情满怀、催人奋进的战略安排。

从党的十九大到党的二十大，是“两个一百年”奋斗目标的历史交汇期。

综合分析国际国内形势和我国发展条件，党的十九大报告提出从2020年到本世纪中叶可以分两个阶段来安排——

第一个阶段，从2020年到2035年，在全面建成小康社会的基础上，再奋斗15年，基本实现社会主义现代化；

第二个阶段，从2035年到本世纪中叶，在基本实现现代化的基础上，再奋斗15年，把我国建成富强民主文明和谐美丽的社会主义现代化强国。

现在，距离邓小平同志提出实现现代化“三步走”战略，已经整整过去30年。

在一代又一代接续奋斗的基础上，当代中国共产党人以科学的谋断和充分的自信，不仅把原来第二个百年目标实现的时间表提前了15年，还提出了更高的目标、更高的追求，来推进中国特色社会主义向前发展。

一系列新举措，鼓舞人心；一系列新部署，催人奋进。

96年来，为了实现中华民族伟大复兴的历史使命，中国共产党初心不改、矢志不渝，团结带领人民历经千难万险，创造了一个又一个彪炳史册的人间奇迹。

“今天，我们比历史上任何时期都更接近、更有信心和能力实现中华民族伟大复兴的目标。”

站在新时代，迈向新征程，为了梦想而奋斗的感召如此强烈：

全党全国各族人民要紧密团结在以习近平同志为核心的党中央周围，高举中国特色社会主义伟大旗帜，认真学习贯彻习近平新时代中国特色社会主义思想，锐意进取，埋头苦干，为实现推进现代化建设、完成祖国统一、维护世界和平与促进共同发展三大历史任务，为决胜全面建成小康社会、夺取新时代中国特色社会主义伟大胜利、实现中华民族伟大复兴的中国梦、实现人民对美好生活的向往继续奋斗！

（新华社北京 2017 年 10 月 27 日电　新华社记者吴晶、胡浩、施雨岑）

建设马克思主义执政党的光辉指引

——《中国共产党章程（修正案）》诞生记

时代的洪流奔涌向前，鲜红的党章昭示未来。

一代代中国共产党人带领人民接续奋斗，推动承载着中华民族伟大复兴梦想的航船驶入新时代。

处于新的历史方位，站在新的历史起点，开启新的历史征程，党的十九大如何根据新形势新任务对党章进行适当修改，为这面高扬的旗帜增添新的思想光芒，人民在期待，世界在关注。

“通过！”

2017 年 10 月 24 日上午，北京人民大会堂，习近平总书记以铿锵有力的声音，庄严宣布大会表决通过关于《中国共产党章程（修正案）》的决议。

热烈的掌声回荡在万人大礼堂。

这是党和人民的共同意愿——大会一致同意将习近平新时代中国特色社会主义思想同马克思列宁主义、毛泽东思想、邓小平理论、“三个代表”重要思想、科学发展观一道确立为党的行动指南，一致同意把坚定维护以习近平同志为核心的党中央权威和集中统一领导写入党章。

这是党和人民的共同意志——大会一致同意将实现“两个一百年”奋斗目标，实现中华民族伟大复兴的中国梦的宏伟目标写入党章。

这是党和人民的共同心声——大会一致同意将党的十九大关于新时代坚持和发展中国特色社会主义的重大政治论断、重大战略、重大举措写入党章。

这是党和人民的共同信念——大会一致同意将党的十八大以来以习近平同志为核心的党中央坚持和加强党的领导、全面从严治党的新鲜经验写入党章。

进入新时代，开启新征程，光辉的旗帜更加高高飘扬。

事关党的长远发展的重大决策

——党的十九大对党章进行适当修改，是以习近平同志为核心的党中央立足新时代党的事业发展和党的建设全局、适应新的实践变化和任务要求作出的决定

上海老成都北路，中共二大会址纪念馆。修葺一新的党章展厅内，60余种各个时期的珍贵党章版本铺满整整一面墙。

1922年，中国共产党的第一部党章在这里诞生。从党的三大开始，除了党的五大，历次党的全国代表大会都对党章作出不同程度的修改。

“要把党的十九大报告确立的重大理论观点和重大战略思想写入党章，使党章充分体现马克思主义中国化最新成果，充分体现党的十八大以来党中央提出的治国理政新理念新思想新战略，充分体现坚持和加强党的领导、全面从严治党的新鲜经验，把我们党建设得更加朝气蓬勃、坚强有力，始终保持党同人民群众的血肉联系。”

9月18日，党的十九大召开前1个月，中央政治局召开会议，研

究包括《中国共产党章程（修正案）》稿在内的拟提请党的十八届七中全会讨论的文件。外界首次获悉党的十九大将修改党章。

“从中共党章，可以看出中国下一步发展的方向。”新加坡《联合早报》报道说。

这是改革开放以来中国共产党第八次修改党章。从党的十二大通过现行党章开始，我们党认真总结坚持和发展中国特色社会主义的成功经验，又先后 6 次通过党的全国代表大会修改党章，及时把党的实践发展和理论创新的重大成果体现到党章中，使党章在推进党和国家事业、加强党的建设中发挥了重要指导作用。

高举旗帜，继往开来。

党的十八大以来，以习近平同志为核心的党中央以巨大的政治勇气和强烈的责任担当，提出一系列治国理政新理念新思想新战略，出台一系列重大方针政策，提出一系列重大举措，推进一系列重大工作，解决了许多长期想解决而没有解决的难题，办成了许多过去想办而没有办成的大事，推动党和国家事业发生历史性变革，中国特色社会主义进入了新时代。

这是承前启后、继往开来、在新的历史条件下继续夺取中国特色社会主义伟大胜利的时代。处在“两个一百年”奋斗目标的历史交汇期，以习近平同志为核心的党中央将带领全国各族人民决胜全面建成小康社会，进而开启全面建设社会主义现代化国家新征程。

这是全体中华儿女勠力同心、奋力实现中华民族伟大复兴中国梦的时代。全国各族人民将团结奋斗、不断创造美好生活、逐步实现全体人民共同富裕，中华民族将以更加昂扬的姿态屹立于世界民族之林。

新时代、新目标、新征程，需要光辉的旗帜引领。

党章是党的总章程，对加强党的领导、加强党的建设具有根本性规范和指导作用。适应世情国情党情变化对我们党提出的新要求，契合人民群众对美好生活的新期待，党的总章程才能激发全党全国各族人民的磅礴力量，引领党和人民事业在新时代谱写出壮丽的新篇章。

一封封来信、一个个电话……近年来，很多党员和党组织向中央有关部门建议，适应党的实践变化和任务要求，在党的十九大上对党章进行适当修改。

2017年1月，在党中央就党的十九大报告议题广泛征求意见过程中，许多地方和部门的党组织向党中央提出了同样的建议。

以习近平同志为核心的党中央对修改党章的建议高度重视，要求党中央有关单位抓紧研究和论证，十分慎重地作出修改党章的决定。

在深入调查论证的基础上，5月18日，习近平总书记主持召开中央政治局常委会会议，作出党的十九大对党章进行适当修改的重大决定。

党中央认为，综合考虑各方面因素，党的十九大对党章进行适当修改是必要的，也符合各级党组织和广大党员的意愿。

——确保新时代沿着正确方向前进，需要与时俱进的科学理论作指导。

党的十八大以来，党和国家事业发生历史性变革，开创治国理政、管党治党新境界，最根本的在于以习近平同志为核心的党中央的坚强领导，在于习近平总书记系列重要讲话精神和治国理政新理念新思想新战略的正确指导。对习近平总书记系列重要讲话精神和治国理政新理念新思想新战略在理论上作出新概括，并同马克思列宁主义、毛泽东思想、邓小平理论、“三个代表”重要思想、科学发展观一道确立为党的行动指南写入党章，实现党的指导思想的与时俱进，对于在新的历史起点上进行伟大斗争、建设伟大工程、推进伟大事业、实现伟大梦想具有重大现实意义和深远历史意义。

——确保新时代沿着正确方向前进，需要一系列重大战略举措和大政方针作支撑。

党的十八大以来，以习近平同志为核心的党中央统筹推进“五位一体”总体布局、协调推进“四个全面”战略布局，坚持稳中求进工作总基调，迎难而上，开拓进取，在改革发展稳定、内政外交国防、治党治国治军等各方面积累了丰富的实践经验，形成了一系列新目标、新政策、新举措、新部署。把这些最新实践成果写入党章，有利于全党始终在思想上政治上行动上同以习近平同志为核心的党中央保持高度一致，不折不扣执行党中央的决策部署，把中国特色社会主义推向新的高度。

——确保新时代沿着正确方向前进，需要毫不动摇推进党的建设新的伟大工程作保证。

党的十八大以来，以习近平同志为核心的党中央以顽强意志和空前力度，扎实推进全面从严治党，在党的政治建设、思想建设、组织建设、作风建设、纪律建设及制度建设、反腐败斗争等各方面取得了历史性成就，赢得了党心民心。把这些行之有效的做法和经验提炼后写入党章，有利于促进全党同志保持清醒头脑，增强全面从严治党永远在路上的政治定力，不断提高党的建设质量，使党永葆生机活力。

同时，党中央认为，把党的十九大报告确立的重大理论观点和重大战略思想体现到党章中，实现党章与党的十九大报告的紧密衔接，有利于全党更好地学习领会、贯彻落实党的十九大精神。

党中央确定了这次修改党章必须遵循的原则：坚持以马克思列宁主义、毛泽东思想、邓小平理论、“三个代表”重要思想、科学发展观为指导，深入贯彻落实习近平总书记系列重要讲话精神和治国理政新理念新思想新战略；坚持发扬民主，集中全党智慧，保持党章总体稳定，只修改那些必须改的、在党内已经形成共识的内容，可改可不改的不改，不成熟的意见不改。

定位准，方向明。

习近平总书记高度重视、亲力亲为，自始至终关心、指导着党章修改工作。

党中央成立了由刘云山同志任组长、王岐山同志任副组长的党章修改小组，在中央政治局常委会直接领导下工作。

6 月 19 日，北京中南海。党章修改小组举行第一次全体会议，党章修改工作正式启动。

室外，骄阳似火。涌动在党章修改小组同志们心头的，是火一样的激情和强烈的责任感。牢记党中央的重托和全党同志的期望，党章修改小组全力投入到工作中。

集中全党意志的生动实践

——在以习近平同志为核心的党中央坚强领导下，党章修改充分发扬民主，集中全党智慧，统一思想、形成共识，激发起全党的创造力凝聚力战斗力

接到上级党委邀请参加征求党章修改意见座谈会的通知时，党的十九大代表、鞍山钢铁公司职工郭明义正和“郭明义爱心团队”在辽宁省朝阳市农村开展精准扶贫调研。

“太有必要了！习近平总书记带领我们打开了中国特色社会主义事业新局面，老百姓的生活越来越好，对党中央、对习近平总书记提

出的各项方针举措拍着巴掌赞同。党章就要把这些宝贵的思想和经验固化下来，引导我们党和国家在新航程上继续前进。”

忙完一天的调研，郭明义匆匆吃了一口饭，便把自己关进房间，提笔写下满满4页纸的意见和建议。

党章是全党意志、人民意愿的集中体现。

6月2日，党中央就党章修改工作向各地区各部门下发征求意见通知。

从中央领导同志到各地区各部门有关负责同志，再到基层党员、干部，都一同参与到党章修改工作中，使这次党章修改成为发扬党内民主的一次生动实践。

据党章修改小组有关负责人介绍，修改工作一开始，党中央就明确提出，要坚持解放思想、实事求是、集思广益，努力使修改后的党章充分体现党的理论创新和实践创新的最新成果，适应党和人民事业、党的建设新发展的需要。

党章修改工作始终将发扬党内民主体现在各个环节和各个方面，始终坚持对党员知情权、参与权、表达权的尊重。

——党章修改过程中，习近平总书记6次主持召开中央相关会议，研究党章修改工作、审议党章修改相关文件；主持召开6场座谈会，当面听取对党章修改的意见和建议。

“党章是党的根本大法，党章修改事关重大、至关重要，广大党员对此寄予很大期望。”习近平总书记多次强调，要以对党、对党的事业高度负责的精神做好党章修改工作。

在党章修改工作每一个重要节点，习近平总书记都要亲自听取汇报，总结上一阶段工作，为下一阶段工作提出要求、指明方向。

“党章修改工作是党的十九大文件起草工作的重要组成部分。”7

月20日、24日，中央政治局常委会会议、中央政治局会议先后审议党章修正案（送审稿），习近平总书记强调，要把党的十八大以来加强党的领导和加强党的自身建设取得的重要成果，及时地充分地体现到党章中去，转化为全党的共同意愿和共同遵循，并对做好党章修正案下发各地区各部门征求意见工作提出了明确要求。

8月21日至25日，习近平总书记在中南海连续召开6场座谈会，当面听取各省区市、解放军各大单位和军委机关各部门主要负责同志的意见，同大家就党章修改问题深入进行研究。

“党章修正案能不能得到党的十九大通过、得到会议代表认同，直接检验着党章修改工作的成败。”9月14日、18日，习近平总书记分别主持召开中央政治局常委会会议、中央政治局会议审议党章修正案（讨论稿），强调要根据会议提出的意见抓紧修改好相关文件，要求在提请党的十八届七中全会审议前，对各地区各部门反馈意见进行再研究再吸收，认真打磨、精益求精，做到思想观点准确、新增内容稳妥、文字表述精到。

党的十八届七中全会期间，10月13日晚，中央政治局常委会会议对根据全会意见和建议作出修改后的党章修正案稿进行审议，习近平总书记对进一步做好党章修改工作提出明确要求。

党的十九大期间，党章修正案稿吸收与会代表提出的意见和建议，作了进一步修改完善。10月21日晚，习近平总书记主持召开大会主席团常务委员会第一次会议，听取党章修正案修改情况，对新修改的内容逐一讨论。

——党章修改过程中，各地区各部门在中央两次征求意见过程中反馈2165条意见和建议，书面报告累计超过2000页、总计100多万字。

每一次修改党章，都凝聚着全党的智慧和心血。

6月上中旬，按照党中央通知要求，各地区各部门精心组织召开座谈会，广泛征求意见和建议。会前，与会同志认真学习党章和习近平总书记系列重要讲话，既站在新时代党和国家事业发展大局上深入思考，又注意结合本地区本领域的工作实际，体现基层党员、群众的意愿，提出真知灼见；会上，大家畅所欲言，在热烈的讨论中形成共识。

6月下旬，各地区各部门先后报送了118份书面报告，一致赞成对现行党章作适当修改并保持党章总体稳定，完全赞同党中央确定的修改原则，共提出修改意见和建议1775条。

8月5日，中央将《中国共产党章程（修正案）》征求意见稿同党的十九大报告征求意见稿一道印发各地区各部门，党的十八大代表和新当选的党的十九大代表参加了讨论。

8月下旬，各地区各部门再次向中央报送了118份书面报告，普遍认为这次修改工作积极稳妥、务实严谨，指导思想、修改原则、修改程序、修改内容正确，同时提出了390条修改意见。

——党章修改过程中，党章修改小组先后召开5次全体会议、30多次工作班子会议，形成30多份党章修改稿、过程稿。

每一条意见都要精心对待、每一处修改都要反复推敲、每一道程序都要认真履行、每一项工作都要及时到位，这是党中央的要求，也是党章修改小组的自觉行动。

6月19日，党章修改小组第一次全体会议一结束，来自党中央多个部门的工作班子成员就来到住地，落实工作安排，明确具体任务、时间进度和工作要求。

随后的一周多时间内，党章修改小组对各地区各部门报送的报告夜以继日认真进行梳理，形成了600多页、30多万字的意见汇总本。在此基础上，党章修改小组提出了党章修改建议方案，对党章共作出

99处修改，采纳或体现了1278条意见。

8月下旬至9月上旬，党章修改小组逐条梳理各地区各部门反馈的党章修正案稿修改意见和建议，适当吸收比较集中的意见，作出31处修改，其中新修改5处，对上一轮修改处的修改26处。

天下大事，必作于细。

每次中央政治局常委会会议和中央政治局会议审议党章修改方案后，党章修改小组都第一时间学习习近平总书记重要讲话精神，落实会议提出的重要意见。

这是一项严肃的政治任务，必须经得起实践和人民的检验。党章修改小组以高度负责的态度、科学严谨的作风，从一个重大提法到一个标点符号，都要琢磨了再琢磨、推敲了再推敲、比较了再比较。工作驻地的灯光，见证着党章修改小组同志日夜忙碌的身影，也见证着党章修正案一步步走向完善和成熟。

10月11日至14日，党的十八届七中全会召开。刘云山同志就《中国共产党章程（修正案）》讨论稿向全会作了说明。与会同志认真研究和讨论，提出了49条修改意见和建议。中央政治局常委会讨论通过了党章修改小组提出的修改方案。全会通过了《中国共产党章程（修正案）》，决定提请党的十九大审议。

10月18日至24日，党的十九大召开，38个代表团的代表、特邀代表对党章修正案进行了认真审议。大家普遍认为，修改后的党章顺应党心民心、顺应时代潮流，对于我们党在中国特色社会主义新时代进一步提高党的建设质量、提高党的执政能力和领导水平，更好地引领党和人民事业发展具有十分重大的意义。同时，代表们积极建言献策，共提出51条修改意见和建议，党章修改小组又进行了修改。经大会主席团常务委员会会议讨论通过，再次提请代表们审议。

夺取伟大胜利的行动纲领
——修改后的党章通篇贯穿习近平新时代中国特色社会主义思想，必将成为引领中国共产党在新时代实现历史使命的光辉旗帜

10月24日，党的十九大闭幕会上表决大会关于《中国共产党章程（修正案）》的决议时，党的十九大代表、河南省辉县市张村乡裴寨村党总支书记裴春亮高高举起了右手。

10月19日晚一接到散发着墨香的《中国共产党章程（修正案）》讨论稿，裴春亮就对照党的十九大报告反复审读，同其他代表热烈交流。

“党章高屋建瓴、新风扑面，对习近平新时代中国特色社会主义思想体现得十分充分，让我看到我们党、我们国家更加美好的未来。”裴春亮说。

大会通过的党章修正案，共修改107处，其中总纲部分修改58处，条文部分修改49处。

每一处修改，都凝结着党的十八大以来的丰富实践探索，蕴含着对新时代党的事业发展和党的建设的新要求，昭示着党的前进方向。

——始终贯穿着习近平新时代中国特色社会主义思想这根红线。

党章修正案的最大亮点和历史性贡献，是将习近平新时代中国特色社会主义思想同马克思列宁主义、毛泽东思想、邓小平理论、“三个代表”重要思想、科学发展观一道确立为党的行动指南。

修改后的党章在总纲部分专门增写一个自然段强调，习近平新时代中国特色社会主义思想是对马克思列宁主义、毛泽东思想、邓小平理论、“三个代表”重要思想、科学发展观的继承和发展，是马克思主义中国化最新成果，是党和人民实践经验和集体智慧的结晶，是中国特色社会主义理论体系的重要组成部分，是全党全国人民为实现中

华民族伟大复兴而奋斗的行动指南，必须长期坚持并不断发展。同时，在条文部分关于党员必须履行的义务、党的干部的基本条件和党的基层组织的基本任务中，增写了学习、贯彻习近平新时代中国特色社会主义思想的内容。

深邃的思想，彰显强大的真理力量。

代表们一致认为，习近平新时代中国特色社会主义思想，从理论和实践结合上系统回答了新时代坚持和发展什么样的中国特色社会主义、怎样坚持和发展中国特色社会主义这个重大时代课题。在党章中确认习近平新时代中国特色社会主义思想的历史地位，具有深厚的实践基础、思想基础、群众基础，是全党的共同意愿和全国各族人民的共同心愿。

从实现中华民族伟大复兴的中国梦，到把我国建成富强民主文明和谐美丽的社会主义现代化强国；从统筹推进“五位一体”总体布局和协调推进“四个全面”战略布局，到牢固树立“四个意识”和坚定“四个自信”；从坚持新发展理念，到推进供给侧结构性改革，从健全中国特色社会主义法治体系，到培育和践行社会主义核心价值观……修改后的党章，将党的十八大以来习近平总书记的重要思想观点和党的十九大报告的相关提法充实进来。

代表们一致认为，习近平新时代中国特色社会主义思想内涵丰富、博大精深。党章的每一处修改，都是这一重要思想的具体体现、具体要求，一根红线贯穿始终。要不断增强学习贯彻习近平新时代中国特色社会主义思想的自觉性和坚定性，结合党的十九大报告和党的十八大以来的伟大实践，系统领会每一处修改的精到之处，学深悟透、融会贯通，真正内化于心、外化于行。

伟大的事业，需要坚强的核心领航。

党章修正案增写了维护以习近平同志为核心的党中央权威和集中统一领导的内容，并突出强调了党的领导地位和作用，把党政军民学、东西南北中，党是领导一切的这一重大政治原则写入党章，明确中国共产党领导是中国特色社会主义最本质的特征，是中国特色社会主义制度的最大优势。代表们一致表示，在党的根本大法中明确党是领导一切的这一重大政治原则，确认习近平同志的核心地位，对于全党牢固树立“四个意识”，更加自觉地维护党中央权威、维护党的团结统一，实现党和国家事业兴旺发达具有重大意义。

——体现了夺取新时代中国特色社会主义伟大胜利的前进方向。

党章修正案系统总结了党的十八大以来的成功实践和理论创新成果，从新时代坚持和发展中国特色社会主义、推进党和人民事业长远发展的高度，充实了改革开放以来我们取得一切成绩和进步的根本原因的内容，充实了社会主义初级阶段方面的内容，充实了党的基本路线方面的内容，充实了经济建设、政治建设、文化建设、社会建设、生态文明建设方面的内容，充实了国防和军队建设、民族关系、统一战线、外交方面的内容，涵盖改革发展稳定、内政外交国防、治党治国治军的方方面面。

代表们一致认为，这些增写、调整的内容体现了问题导向，是对当前我国发展中存在的突出问题、改革攻坚和加快转变发展方式面临的难点问题、干部群众普遍关注的热点问题的积极回应，有利于进一步增强“四个自信”，更好地凝聚力量，完成新时代赋予的光荣而艰巨的任务。

——体现了贯彻以人民为中心的发展思想的战略任务。

人民对美好生活的向往始终是我们党的奋斗目标，党章中印刻着我们党不变的初心。

党章修正案牢牢把握当前我国社会发展阶段性特征，紧扣人民群众的需要多样化多层次多方面特点，增写了必须坚持以人民为中心的发展思想；将我国社会主要矛盾的表述调整为人民日益增长的美好生活需要和不平衡不充分的发展之间的矛盾；将又好又快发展修改为更高质量、更有效率、更加公平、更可持续发展；增写了不断增强人民群众获得感的内容……

代表们一致认为，我们党的一切奋斗都是为人民谋幸福为民族谋复兴，以人民为中心的发展思想体现在党章修改的方方面面，表明我们党始终不忘初心、牢记使命，始终践行全心全意为人民服务的宗旨。

——体现了坚定不移全面从严治党的时代要求。

中国特色社会主义进入新时代，我们党一定要有新气象新作为。党章修正案对党的十八大以来管党治党的实践创新和理论创新成果进行梳理提炼，及时固化为制度成果。

在总纲部分，将坚持党要管党、从严治党修改为坚持党要管党、全面从严治党，明确为党的建设指导方针；以党的政治建设为统领，调整充实了党的建设总体布局，明确以党的政治建设为统领，全面推进党的政治建设、思想建设、组织建设、作风建设、纪律建设，把制度建设贯穿其中；增写加强和规范党内政治生活，增强党内政治生活的政治性、时代性、原则性、战斗性，发展积极健康的党内政治文化，营造风清气正的良好政治生态等内容；将坚持从严管党治党作为党的建设必须坚决实现的基本要求之一写入党章，使党的建设目标更加清晰、布局更加完善。

在条文部分，充实了党员义务和发展党员标准等内容；增写了实现巡视全覆盖、中央单位巡视、市县巡察等内容；顺应基层呼声，将总支部委员会、支部委员会每届任期两年或三年调整为每届任期三年至五年；充实了干部选拔和领导干部条件等内容；充实了党的纪律、党的纪律检查机关部分的内容……

代表们一致认为，这些重大修改坚持以党的政治建设为统领，把全面从严治党的要求落实到了党的建设各方面、全过程，体现了对新时代推进党的建设新的伟大工程规律认识的深化，彰显了我们党打铁必须自身硬的坚强决心。

这是引领方向的旗帜，这是凝聚力量的旗帜。

党章的权威，在于这是全党意志的集中反映。党章的生命，在于全党上下共同尊崇、一体执行。

党的十九大闭幕会通过了关于《中国共产党章程（修正案）》的决议，号召党的各级组织和全体党员在以习近平同志为核心的党中央坚强领导下，高举中国特色社会主义伟大旗帜，以马克思列宁主义、毛泽东思想、邓小平理论、“三个代表”重要思想、科学发展观、习近平新时代中国特色社会主义思想为指导，更加自觉地学习党章、遵守党章、贯彻党章、维护党章，坚持和加强党的全面领导，坚持党要管党、全面从严治党，为决胜全面建成小康社会、夺取新时代中国特色社会主义伟大胜利、实现中华民族伟大复兴的中国梦、实现人民对美好生活的向往继续奋斗！

一个永远以人民为中心的政党必然赢得人民拥护，一个始终与时代共进步的政党必将永葆生机活力。

（新华社北京 2017 年 10 月 28 日电　新华社记者赵超、陈炜伟）

为中华民族伟大复兴提供根本法治保障

——《中华人民共和国宪法修正案》诞生记

这是共和国宪法发展史、中华民族伟大复兴史上具有里程碑意义的时刻——

2018年3月11日下午3时52分。北京，人民大会堂。《中华人民共和国宪法修正案》高票表决通过，如潮的掌声，在万人大礼堂长时间响起。

立善法于天下，则天下治。

顺应时代要求和人民意愿，站在新的历史方位，以习近平同志为核心的党中央从全局和战略高度作出修改宪法的重大决策，将党和人民创造的伟大成就和宝贵经验及时载入庄严的宪法，必将为新时代坚持和发展中国特色社会主义、实现“两个一百年”奋斗目标和中华民族伟大复兴的中国梦提供坚实宪法保障。

这是高瞻远瞩的决策和审时度势的举措：着眼新时代坚持和发展中国特色社会主义的新形势新任务对宪法作出适当修改，是时代必然、实践必要、法治必需

2017年10月25日，人民大会堂东大厅华灯璀璨、气氛热烈。

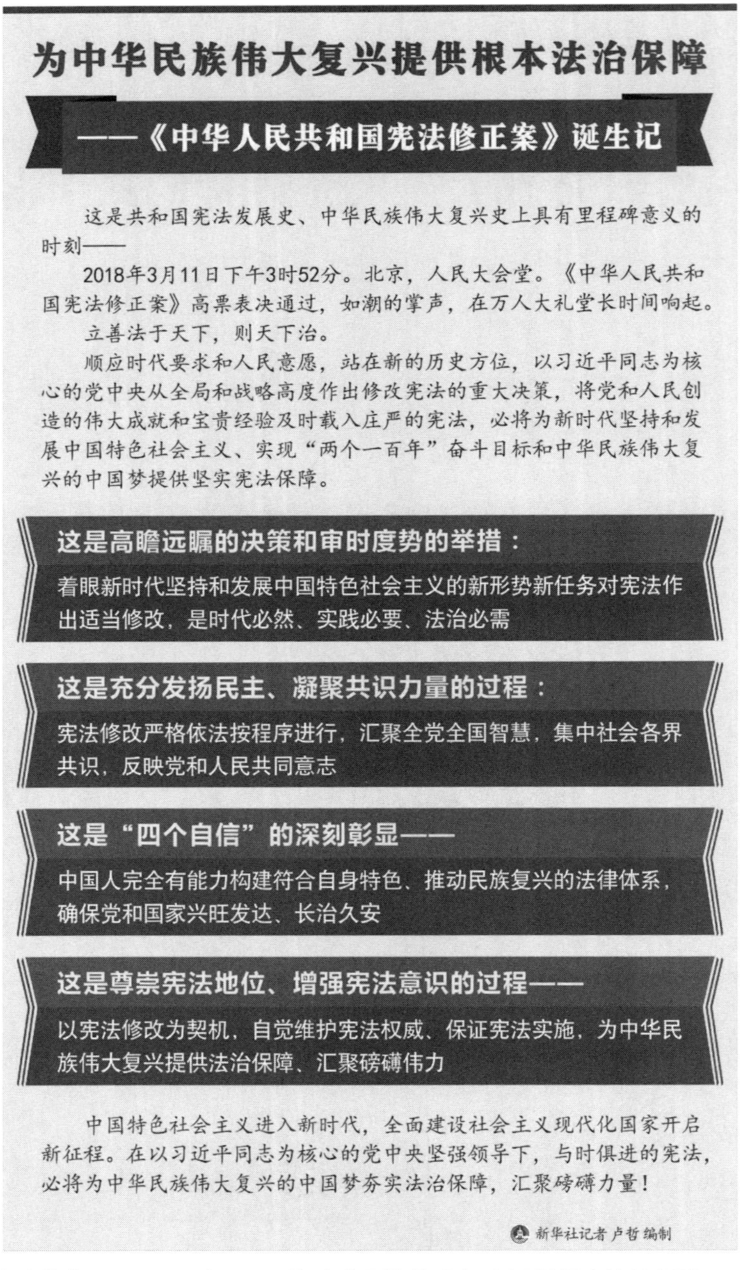

新华社北京 3 月 12 日电　题：为中华民族伟大复兴提供根本法治保障——《中华人民共和国宪法修正案》诞生记（新华社记者）

11 时 54 分，刚刚在中国共产党第十九届中央委员会第一次全体会议上再次当选中共中央总书记的习近平，在热烈的掌声中步入大厅，神采奕奕，庄严宣告——

“我们将总结经验、乘势而上，继续推进国家治理体系和治理能力现代化……”

推进国家治理体系和治理能力现代化，关键是坚持全面依法治国，首要的是坚持依宪治国。

党的十八大以来，习近平总书记高度重视发挥宪法在治国理政中的重要作用，在多个场合作出一系列论述，阐明宪法的精髓要义：

——全面贯彻实施宪法，是建设社会主义法治国家的首要任务和基础性工作。

——坚持依法治国首先要坚持依宪治国，坚持依法执政首先要坚持依宪执政。

——要在全社会牢固树立宪法法律权威，弘扬宪法精神，任何组织和个人都必须在宪法法律范围内活动，都不得有超越宪法法律的特权。

——宪法只有不断适应新形势、吸纳新经验、确认新成果，才能具有持久生命力。

……

求木之长者，必固其根本；欲流之远者，必浚其泉源。

回望历史长河，宪法始终与国家前途、民族命运、人民幸福息息相关。

1840 年鸦片战争后，中国从尝试君主立宪制、议会制等多种宪制形式，到《中华民国临时约法》；从北洋军阀政府的几个宪法和宪法草案，到国民党搞的“中华民国宪法”……历史早已证明，中国照抄照搬外国宪法的道路走不通。

中国共产党自成立之日起，就以实现中华民族伟大复兴为己任，在领导人民接续奋斗的道路上，为建立人民当家作主的新中国、制定人民自己的新宪法，进行了不懈探索，积累了宝贵经验。

从1949年具有临时宪法作用的《中国人民政治协商会议共同纲领》，到中国历史上第一部真正的“人民的宪法”——1954年宪法，确认了中国共产党领导中国人民夺取新民主主义革命胜利、中国人民掌握国家权力的历史变革。

1982年颁布施行的现行宪法，科学总结我国社会主义建设历史经验，指明了国家根本道路和发展方向。历经1988年、1993年、1999年、2004年四次修改，宪法在中国特色社会主义伟大实践中紧跟时代前进步伐，不断与时俱进，有力推动和保障了党和国家事业发展。

回顾我国宪法制度发展历程，我们愈加感到，我国宪法同党和人民进行的艰苦奋斗和创造的辉煌成就紧密相连，同党和人民开辟的前进道路和积累的宝贵经验紧密相连。

伴随新中国建设、改革，我国宪法有着自身的发展逻辑，呈现出一个规律——宪法必须随着党领导人民建设社会主义实践的发展而不断完善发展。

进入新时代，中国特色社会主义事业发展对修改宪法提出迫切要求——

自2004年宪法修改以来，党和国家事业又有了许多重要发展变化。特别是党的十八大以来，以习近平同志为核心的党中央团结带领全国各族人民毫不动摇坚持和发展中国特色社会主义，统筹推进“五位一体”总体布局、协调推进“四个全面”战略布局，形成一系列治国理政新理念新思想新战略，推动党和国家事业取得历史性成就、发生历史性变革。

由宪法及时确认党和人民创造的来之不易的伟大成就和宝贵经验，以更好发挥宪法的规范、引领、推动、保障作用，是实践发展的必然要求。

2017年10月，党的十九大在新的历史起点上对新时代坚持和发展中国特色社会主义作出重大战略部署，提出了一系列重大政治论断，确立了习近平新时代中国特色社会主义思想在全党的指导地位，确定了新的奋斗目标，对党和国家事业发展具有重大指导和引领意义。

在党的十九大文件起草和形成过程中，在全党全国上下学习贯彻党的十九大精神过程中，许多地方、部门和单位都提出，应该对我国现行宪法作出必要的修改完善，把党和人民在实践中取得的重大理论创新、实践创新、制度创新成果通过国家根本法确认下来，使之成为全国各族人民的共同遵循，成为国家各项事业、各方面工作的活动准则。

为国也，观俗立法则治，察国事本则宜。

将科学发展观、习近平新时代中国特色社会主义思想写入宪法，作为国家的指导思想，进一步巩固全党全国各族人民团结奋斗的共同思想基础；充实坚持和加强中国共产党全面领导的内容，巩固党的执政基础和执政地位，为国家发展和民族复兴提供坚强政治保证；增加有关监察委员会的各项规定，推动反腐败斗争夺取压倒性胜利……

这是顺应时代发展要求和人民意愿的重大决策——

2017年9月29日，中南海怀仁堂。

习近平总书记主持召开中央政治局会议，决定启动宪法修改工作，成立宪法修改小组。宪法修改小组由张德江任组长，王沪宁、栗战书任副组长。

作为国之根本、法之源泉，宪法修改关系全局，影响广泛深远。以习近平同志为核心的党中央明确指出，宪法修改要遵循四个原则：

——坚持党对宪法修改的领导。把坚持党中央集中统一领导贯穿于宪法修改全过程，确保宪法修改的正确政治方向。

——严格依法按程序推进宪法修改。先形成《中共中央关于修改宪法部分内容的建议（草案）》，经党中央全会审议和通过；再依法形成《中华人民共和国宪法修正案（草案）》，由全国人大常委会提请全国人民代表大会审议和通过。

——充分发扬民主、广泛凝聚共识。贯彻科学立法、民主立法、依法立法的要求，注重从政治上、大局上、战略上分析问题，注重从宪法发展的客观规律和内在要求上思考问题。

——坚持对宪法作部分修改、不作大改。保持宪法的连续性、稳定性、权威性。

根据新时代坚持和发展中国特色社会主义的新形势新任务对宪法作出适当修改，符合宪法发展规律，符合时代发展和实践需要，为新时代坚持和发展中国特色社会主义奠定宪法基础，为中国“强起来”提供根本法治保障。

这是充分发扬民主、凝聚共识力量的过程：宪法修改严格依法按程序进行，汇聚全党全国智慧，集中社会各界共识，反映党和人民共同意志

修改宪法，必须体现人民意志、发挥制度优势，有利于推进国家治理体系和治理能力现代化。

从宪法修改工作启动之初，习近平总书记就明确要求，必须贯彻科学立法、民主立法、依法立法的要求，充分发扬民主，广泛凝聚共识。

2017 年 11 月 13 日，党中央发出征求对修改宪法部分内容意见的

通知，请各地区各部门各方面在精心组织讨论、广泛听取意见的基础上提出宪法修改建议。

从中央和国家机关到人民团体，从党员干部到党外人士，各方一同贡献智慧和力量，让宪法更加适应时代需要，回应人民呼声。

博采众议，宪法修改汇聚起全党全国各族人民的智慧和心血——

《中共中央关于修改宪法部分内容的建议》起草和完善期间，习近平总书记多次主持中央政治局常委会会议、中央政治局会议，审议草案稿，为下一阶段工作提出要求、指明方向。

——首轮征求意见，各地区各部门和党外人士共提出 2639 条修改意见。

——12 月 12 日，中共中央办公厅发出通知，就党中央修宪建议草案稿下发党内一定范围征求意见。各地区各部门各方面反馈书面报告 118 份，共提出修改意见 230 条。

——12 月 15 日，习近平总书记主持召开党外人士座谈会，当面听取各民主党派中央、全国工商联负责人和无党派人士代表的意见和建议。党外人士提交了书面发言稿 10 份。

座谈会上，习近平总书记强调，宪法是人民的宪法，宪法修改要广察民情、广纳民意、广聚民智，充分体现人民的意志。

政之所兴在顺民心。宪法作为法之统帅、法律之母，其生命力就在于能否成为党和人民意志的集中体现。

集思广益，确保宪法修改得到全党全国各族人民衷心拥护——

一致建议把科学发展观、习近平新时代中国特色社会主义思想写入宪法序言部分；

一致建议把“中国共产党领导是中国特色社会主义最本质的特征”写进宪法《总纲》；

一致建议调整充实中国特色社会主义事业总体布局和第二个百年奋斗目标的内容；

一致建议把加强和完善国家领导体制、修改国家主席任职方面的有关规定、深化国家监察体制改革等内容写进宪法；

……

宪法修改小组举行13次工作班子会议、4次全体会议，对各方面意见和建议汇总梳理、逐一研究。

“习近平总书记专门要求，对于没有吸收到党中央修宪建议里的意见，要一一作出研究。”宪法修改小组工作人员说。

从各方面提出的数千条建议，到党中央的21条修宪建议，党中央慎之又慎，坚持对宪法作部分修改、不作大改，确保宪法的连续性、稳定性、权威性。

“习近平总书记强调，宪法修改既要顺应党和人民事业发展要求，又要遵循宪法法律发展规律。”宪法修改小组工作人员说，“坚持不作大改，体现出党中央对宪法的尊重，是坚持依宪执政、依宪治国的题中应有之义。”

——2018年1月2日至3日，根据党中央安排，张德江主持召开4场座谈会，分别听取中央和国家机关有关部门党委（党组）负责同志、智库和专家学者、各省区市人大常委会党组负责同志对党中央修宪建议草案稿的意见和建议。与会同志提交书面材料52份。

——1月18日至19日，党的十九届二中全会期间，党中央修宪建议草案在充分吸收与会同志的意见和建议，并作进一步修改完善后获得通过。

用一次中央全会专门讨论宪法修改问题，这在我们党的历史上还是第一次，充分表明以习近平同志为核心的党中央对宪法修改的高度重视，对依法治国、依宪治国的高度重视。

——1月26日，中共中央向全国人大常委会提出《中国共产党中央委员会关于修改宪法部分内容的建议》。

——1月29日至30日，十二届全国人大常委会召开第三十二次会议，中共中央政治局常委、宪法修改小组副组长栗战书受中共中央委托，就党中央修宪建议向常委会作了说明。会议讨论了党中央修宪建议，全票通过了全国人大常委会关于提请审议宪法修正案草案的议案和宪法修正案草案，决定提请十三届全国人大一次会议审议。

2018年3月5日上午，一本本《中华人民共和国宪法修正案（草案）》，整齐地摆放在出席十三届全国人大一次会议的每一名全国人大代表座席前。

受十二届全国人大常委会委托，十二届全国人大常委会副委员长兼秘书长王晨向大会作关于宪法修正案草案的说明。

为了加强人大在推进宪法实施中的作用，党的十九届三中全会提出将全国人大法律委员会更名为全国人大宪法和法律委员会。根据党的十九届三中全会的决定，全国人大会议把这项内容纳入了宪法修正案。

肩负全国各族人民的重托，行使宪法法律赋予的神圣职权，代表们对宪法修正案草案进行了全面而细致的审议。出席全国政协十三届一次会议的全国政协委员，也围绕宪法修正案草案展开了热烈讨论。

大家一致表示，坚决拥护党中央关于宪法修改的决策部署，一致赞同党中央确定的这次宪法修改的总体要求、原则和修正案草案的各项内容，一致认为修正案草案已经成熟，建议本次会议审议通过。有些代表也提出了一些修改意见，对每一条意见和建议，大会秘书处都作了认真研究并给出回应。

宪法的根基在于人民发自内心的拥护；宪法的伟力在于人民出自真诚的信仰。

3 月 11 日下午 3 时许，人民大会堂。

随着宣布表决开始，近 3000 名全国人大代表手中的笔在选票上郑重落下。

宪法，国家的根本法，又迎来一次完善和升华。

这是“四个自信”的深刻彰显
——中国人完全有能力构建符合自身特色、推动民族复兴的法律体系，确保党和国家兴旺发达、长治久安

宪法修改的过程，就是增强“四个自信”、彰显“四个自信”的过程。

改革开放 40 年来，党领导人民开创的中国特色社会主义道路越走越宽广、前途越来越光明。特别是党的十八大以来取得历史性成就、发生历史性变革，中国距离实现民族复兴的宏伟目标从未如此之近，中国正在日益走近世界舞台中央。

把坚持和加强中国共产党全面领导的内容载入宪法，让我们对确保党和国家事业始终沿着正确方向前进充满自信——

历史一再证明，没有中国共产党，就没有新中国，就没有改革开放，就没有中华民族伟大复兴。

“这次修宪，强调中国共产党领导是中国特色社会主义最本质的特征，把习近平新时代中国特色社会主义思想载入宪法，充分彰显了中国特色社会主义道路自信、理论自信、制度自信、文化自信。”全国人大代表、天津市河东区区委书记李建成说。

中国道路是中国自信最厚重的底色。回首过去五年，在以习近平

同志为核心的党中央坚强领导下，中国呈现欣欣向荣的新气象：

经济年均增长 7.1%，远高于同期世界经济 2.8% 左右的平均水平；

农村贫困人口减少 6853 万人，贫困发生率从 10.2% 降到 3.1%，创造全球减贫奇迹；

……

代表委员们认为，宪法修正案进一步明确坚持党对一切工作的领导这一最高政治原则，是保证党和国家兴旺发达、长治久安的顶层设计和制度完善，有利于巩固党的执政基础和执政地位、为国家发展和民族复兴提供了坚强政治保证。

调整充实中国特色社会主义事业总体布局和第二个百年奋斗目标的内容，让我们对推动国家发展进步、保证人民幸福生活、保障中华民族伟大复兴充满自信——

在“两个一百年”奋斗目标的历史交汇期，在全面建成小康社会的决胜期，这次修宪必将在中华民族复兴史上留下浓墨重彩的一笔。

宪法修正案明确提出：把我国建设成为富强民主文明和谐美丽的社会主义现代化强国，实现中华民族伟大复兴。

把新的奋斗目标写进宪法，使得宪法具有鲜明的时代特征，确保全国人民团结一心、拼搏奋斗完成这些目标。

“在我看来，这次修宪既是对过往经验的总结，更是面向未来的号角，是在宪法层面对全党全国人民的一次‘战前总动员’，以此确保我们的道路不动摇、目标不动摇、方向不动摇、方略不动摇。”复旦大学政党建设与国家发展研究中心主任郑长忠说。

全国政协委员、中国科学院研究员高杰说，宪法修正案关于监察委员会、国家主席任期、地方立法等内容的修改，是保证党和国家长治久安的顶层设计和制度完善，体现了党领导人民制定宪法、推动宪法完善发展的责任担当。

新的奋斗目标载入宪法，是对全国人民的持久动员和巨大鼓舞，让我们满怀信心向未来进发。

“大伙儿的心气和干劲很高，宏伟目标现在又有了法律保障。我们一代接着一代干就一定能够实现。”全国人大代表、山东沂南县两泉坡社区党总支书记李树睦认为，党的十九大提出的奋斗目标在宪法层面进一步明确，必将增强全国人民的信心、激发斗志，凝聚起踏上新征程的强大力量。

充实和平外交政策方面的内容，彰显出我们为人类作出新的更大贡献的担当与自信——

“推动构建人类命运共同体”“坚持和平发展道路，坚持互利共赢开放战略”……

改革开放40年来，中国经济总量在世界经济中的占比从1.8%上升到15%左右；5年来，中国对世界经济增长的平均贡献率已超过30%；

推动“一带一路”建设、设立亚投行……5年来，中国为完善全球治理体系持续努力，不仅拓展了自身发展的广阔空间，也给世界各国带来发展机遇。

当今世界局势正遭遇百年未遇的大变局。中国的探索和成就，正在为世界上那些既希望加快发展又希望保持自身独立性的国家和民族提供全新选择，为解决人类问题贡献中国智慧和中国方案。

俄新社评论称，中国此次修改宪法正值改革开放迎来40周年之际，40年来国际形势风云变化，西方发达国家的政治体系正经历危机，此次修宪预示着中国将继续奋力把自己建为世界强国。

这是尊崇宪法地位、增强宪法意识的过程
——以宪法修改为契机，自觉维护宪法权威、保证宪法实施，为中华民族伟大复兴提供法治保障、汇聚磅礴伟力

这将是万众瞩目的时刻——

“我宣誓：忠于中华人民共和国宪法，维护宪法权威，履行法定职责……”本届大会期间，选举产生的新一届国家领导人将在人民大会堂向宪法庄严宣誓，成为新中国历史上首批举行宪法宣誓的国家领导人。

将“国家工作人员就职时应当依照法律规定公开进行宪法宣誓”写入宪法第一章《总纲》，将宪法宣誓制度在宪法中确认下来，必将促使国家工作人员更好树立宪法意识、恪守宪法原则、弘扬宪法精神、履行宪法使命。

伟大的事业，离不开坚实的宪法保障——

5 年来，以习近平同志为核心的党中央以身作则、率先垂范，带头尊崇和执行宪法，激励全党全军全国各族人民增强宪法意识，推动全面贯彻实施宪法。

2012 年 12 月 4 日，在首都各界纪念现行宪法公布施行 30 周年大会上，履新刚 20 天的习近平总书记发表重要讲话指出“我们要坚持不懈抓好宪法实施工作，把全面贯彻实施宪法提高到一个新水平”。

宪法的生命在于实施，宪法的权威也在于实施。

2018 年 2 月 24 日，中南海怀仁堂。

中央政治局就我国宪法和推进全面依法治国举行第四次集体学习。

“我们学习的这个地方，同我国宪法有密切的联系。”习近平总书记说，《中国人民政治协商会议共同纲领》就是在这里通过的。

今天，我们在这里就我国宪法和推进全面依法治国进行学习，具有特殊意义。

习近平总书记强调，要坚持党的领导、人民当家作主、依法治国有机统一，加强宪法实施和监督，把国家各项事业和各项工作全面纳入依法治国、依宪治国的轨道，把实施宪法提高到新的水平。

维护宪法权威，必须抓住领导干部这个“关键少数”——

“我们的党政领导干部都应该成为复合型干部，不管在什么岗位工作都要具备基本的知识体系，法律就是其中基本组成部分”——3月10日，在参加重庆代表团审议时，习近平总书记谆谆告诫党员领导干部。

公职人员增强宪法意识、带头依法办事，推动宪法实施，才能带动全社会尊崇宪法、信仰宪法。任何组织或者个人都不得有超越宪法法律的特权，一切违反宪法法律的行为都必须予以追究。

强化宪法实施和监督，保障国家法制统一——

党的十九大报告首次提出“推进合宪性审查工作”，为保障法制统一、维护宪法权威提供了坚实的政策依据和行动指南，有助于解决束缚法治建设的瓶颈问题，为深入全面推进依法治国提供强大动力。

“如果缺乏有力保障，宪法的价值和功能就无法实现。”中国人民大学法学院教授胡锦光认为，合宪性审查制度的目的在于一旦出现违宪行为，能够及时纠正，以保证宪法的全面有效实施。

全国人大常委会法制工作委员会法规备案审查室主任梁鹰表示，这次修改宪法是贯彻落实党的十九大精神、推进合宪性审查的良好契机，能够进一步保证中央令行禁止，保障宪法法律正确有效实施，维护宪法法律尊严和权威，保护人民群众合法权益。

加强宪法教育、普及宪法知识、弘扬宪法精神，让宪法如春风化雨般沁人心田——

“学习宪法要从‘娃娃’抓起。”代表委员们表示，要引导青少年从小掌握宪法法律知识、树立宪法法律意识、养成遵法守法习惯，增强全社会的宪法观念。

加快形成完备的法律规范体系、高效的法治实施体系、严密的法治监督体系、有力的法治保障体系，形成完善的党内法规体系……站在新的起点上，以宪法为核心的中国特色社会主义法律体系不断完善，中国特色社会主义法治道路日益宽广。

船的力量在帆上，人的力量在心上。

中国特色社会主义进入新时代，全面建设社会主义现代化国家开启新征程。在以习近平同志为核心的党中央坚强领导下，与时俱进的宪法，必将为中华民族伟大复兴的中国梦夯实法治保障，汇聚磅礴力量！

（新华社北京 2018 年 3 月 12 日电　新华社记者陈二厚、杨维汉、刘铮、罗沙、丁小溪、熊丰）

扫码收看

相关内容与视频

又踏层峰望眼开

——《中共中央关于深化党和国家机构改革的决定》和《深化党和国家机构改革方案》诞生记

这是推进国家治理体系和治理能力现代化的深刻变革。

2018 年 3 月 21 日，《深化党和国家机构改革方案》全文对外公布。

此前，方案中涉及国务院机构改革的内容已由全国人大审议通过，《中共中央关于深化党和国家机构改革的决定》也已公布。

出乎预料、前所未有、全面变革、深刻重构……海内外对这次机构改革给予了高度评价。

党和国家机构大力度调整改革，充分体现了以习近平同志为核心的党中央治国理政的历史担当和全面深化改革的深谋远虑，必将为“两个一百年”奋斗目标和中华民族伟大复兴中国梦的实现提供有力制度保障。

一条红线贯穿始终

——坚持和加强党的全面领导，是深化党和国家机构改革的根本保证和首要任务。习近平总书记亲自担任文件起草组组长

光明前景前所未有，艰巨挑战前所未有。

又踏层峰望眼开

——《中共中央关于深化党和国家机构改革的决定》和《深化党和国家机构改革方案》诞生记

这是推进国家治理体系和治理能力现代化的深刻变革。

3月21日，《深化党和国家机构改革方案》全文对外公布。

此前，方案中涉及国务院机构改革的内容已由全国人大审议通过，《中共中央关于深化党和国家机构改革的决定》也已公布。

出乎预料、前所未有、全面变革、深刻重构……海内外对这次机构改革给予了高度评价。

党和国家机构大力度调整改革，充分体现了以习近平同志为核心的党中央治国理政的历史担当和全面深化改革的深谋远虑，必将为“两个一百年”奋斗目标和中华民族伟大复兴中国梦的实现提供有力制度保障。

一条红线贯穿始终——坚持和加强党的全面领导，是深化党和国家机构改革的根本保证和首要任务。习近平总书记亲自担任文件起草组组长

一个指向愈发鲜明——贯彻以人民为中心的发展思想，改革为了人民也来自人民，文件起草过程中积极回应人民期待、广泛征求各方意见、借鉴吸纳基层有益探索

一个目标更加清晰——推进国家治理体系和治理能力现代化，努力形成更加成熟、更加定型的中国特色社会主义制度

在以习近平同志为核心的党中央坚强领导下，我们一定能完成深化党和国家机构改革的各项任务，形成更加成熟、更加定型的中国特色社会主义制度，为决胜全面建成小康社会、加快推进社会主义现代化提供坚实支撑。

新华社记者 肖潇 编制

新时代中国特色社会主义发展的新任务，对加强党的领导和形成科学有效的党和国家管理体制提出迫切要求。

这是勇于担当、审时度势的重大决策——

党和国家机构职能体系是中国特色社会主义制度的重要组成部分，是我们党治国理政的重要保障。

“党政机构属于上层建筑，必须适应经济基础的要求。经济不断发展，社会不断进步，人民生活不断改善，上层建筑就要适应新的要求不断进行改革。”习近平总书记指出。

1981 年以来，党中央部门进行了 4 次改革，国务院机构进行了 7 次改革，逐步建立起具有我国特点的党和国家机构职能体系。

党和国家机构改革是一个过程，不会一蹴而就，也不会一劳永逸。

步入新时代，党和国家机构设置和职能配置同统筹推进“五位一体”总体布局、协调推进“四个全面”战略布局的要求还不完全适应，同实现国家治理体系和治理能力现代化的要求还不完全适应。

一些领域党政机构重叠、职责交叉、权责脱节问题比较突出；一些政府机构设置和职责划分不够科学，职责缺位和效能不高问题凸显，政府职能转变还不到位；一些领域中央和地方机构职能上下一般粗，权责划分不尽合理……

面对新形势新任务，如果仍然顺着既有思维考虑问题，觉得保持现状挺好，不仅不能解决存在的突出问题，而且可能会误事。

“对深化党和国家机构改革的重要性和紧迫性，对深化党和国家机构改革方案的贯彻落实，都要放到新时代背景下、站在更高层次上来认识和把握。”习近平总书记强调。

以习近平同志为核心的党中央以对党、对国家、对人民高度负责的态度，下定决心深化党和国家机构改革，从根本上解决这些障碍和弊端，以适应党和国家事业长远发展要求。

时移世易，变法宜矣。

2013 年 11 月，党的十八届三中全会通过的《中共中央关于全面深化改革若干重大问题的决定》明确提出，统筹党政群机构改革，理顺部门职责关系。

随着全面深化改革不断推进，深化机构改革提上议事日程。

2015 年，习近平总书记就要求中央全面深化改革领导小组对深化机构改革进行调研。

党的十九大报告强调，深化机构和行政体制改革。统筹考虑各类机构设置，科学配置党政部门及内设机构权力、明确职责。

2017 年 12 月 11 日，习近平总书记主持召开党的十九届三中全会文件起草小组第一次全体会议，宣布中央政治局常委会会议、中央政治局会议的决定：十九届三中全会专题研究深化机构改革问题。

党中央决定成立十九届三中全会文件起草组，由习近平总书记担任组长。相关文件起草工作正式启动。

这是从制度上发挥党的领导优势的重大部署——

治国犹如栽树，本根不摇则枝叶茂荣。

党的领导是我们制度最大的优势。只要牢牢坚持中国共产党的领导，中华民族伟大复兴就势不可挡。

“我们是中国共产党领导的社会主义国家，要根据实际需要，自觉进行机构调整和改革，以利于把我国社会主义制度优越性充分发挥出来。”习近平总书记强调。

坚持和加强党的全面领导，是贯穿这次改革全过程的政治主题。

党的全面领导是具体的，不是空洞的、抽象的。

“从机构设置上充分发挥党领导一切工作的体制优势，提高党把方向、谋大局、定政策、促改革的能力和定力，把党的领导贯彻落实到党和国家机关履行职责的各方面各环节。”习近平总书记明确要求。

这次改革始终在以习近平同志为核心的党中央集中统一领导下进

行，着眼于把党作为最高政治领导力量的地位和作用进一步制度化。

事在四方，要在中央。加强党的全面领导，首先要加强党对涉及全局重大工作的集中统一领导。

决定明确，强化党的组织在同级组织中的领导地位，更好发挥党的职能部门作用，统筹设置党政机构，推进党的纪律检查体制和国家监察体制改革。

这次改革优化党的组织、宣传、统战、政法、机关党建、教育培训等部门职责配置，加强归口协调职能，统筹本系统本领域工作。

理顺党政机构关系，强化统筹协调，增强党的领导力，提高政府的执行力，打破所谓的党政界限，建立健全党中央对重大工作的决策协调机制。

“把一些存在职能交叉、工作重合的党中央和国务院部门合并或合署办公，把一些工作归口由党中央进行统筹协调，摆正和理顺了党政关系，既有利于保证党的重大决策集中高效，又有利于政府工作方向正确。”全国人大代表、国家行政学院副院长陈立说。

文件起草组工作人员介绍，这次打破了以往机构改革大多局限于政府机构改革的做法，既横向统筹党政军群，又纵向统筹中央地方乃至基层，充分发挥党总揽全局、协调各方的优势，并使其进一步制度化。

这是积小胜为大胜、水到渠成的改革举措——

这次深化机构改革并不是突如其来，而是在党的十八大以来全面深化改革取得一系列重要突破的基础上形成的，是一以贯之推进全面深化改革的必然结果。

高举改革大旗，破解时代课题，是习近平总书记治国理政始终坚持的重要方法论。

2012 年 12 月，习近平担任总书记后首赴地方考察，便来到改革开放前沿广东，发出了深化改革开放新的宣言书、新的动员令。

党的十八届三中全会后，习近平总书记亲自担任中央全面深化改革领导小组组长，既挂帅又出征。十八届中央深改领导小组先后召开38次会议，出台1500多项改革举措。

一些长期以来积弊甚深的领域，发生了历史性变革：

铁腕推动纪律检查体制改革，构筑“不能腐”的制度体系，党风政风焕然一新；大刀阔斧深化国防和军队改革，人民军队浴火重生征途如虹；力克“机关化、行政化、贵族化、娱乐化”倾向，群团工作开创新局面……

人们强烈感受到了以习近平同志为核心的党中央全面深化改革的坚定决心，大大增强了对党和国家发展前途的信心。

一系列改革的推进，已经广泛涉及党和国家机构改革。这次深化机构改革，是积小成为大成的必然结果。

经过党的十八大以来的不懈努力，党中央集中统一领导得到切实加强，各地区各部门“四个意识”明显增强，全面深化改革蹄疾步稳推进，主要领域改革主体框架基本确立，经济社会发展总体稳定。

习近平总书记指出：深化机构改革的时机已经成熟。我们要抓住有利时机，下决心解决一批突出矛盾和问题。

2018年2月26日至28日，党的十九届三中全会审议通过了《中共中央关于深化党和国家机构改革的决定》和《深化党和国家机构改革方案》，同意把《深化党和国家机构改革方案》的部分内容按照法定程序提交十三届全国人大一次会议审议。

改革开放以来，党的三中全会聚焦改革形成惯例。与以往主要围绕经济体制改革不同，十九届三中全会聚焦深化机构改革。这次全会审议通过的《中共中央关于深化党和国家机构改革的决定》管大方向，

《深化党和国家机构改革方案》管具体施工。

“看到这次改革方案，力度之大超出预料，有些过去有共识但没做成，有些过去想到了但做不成。”一位东部省份的省委书记感叹，这充分体现了习近平总书记的魄力、勇气、担当。

强体魄于伟大的自我革命，必将开新局于伟大的社会革命。

一个指向愈发鲜明
——贯彻以人民为中心的发展思想，改革为了人民也来自人民，文件起草过程中积极回应人民期待、广泛征求各方意见、借鉴吸纳基层有益探索

一切为了人民，一切来自人民，一切依靠人民。秉承以人民为中心的发展思想，改革彰显以人民为中心的根本立场和价值取向。

改革为了人民，老百姓关心什么、期盼什么，改革就抓什么、推进什么——

进入新时代，我国社会主要矛盾已经转化为人民日益增长的美好生活需要和不平衡不充分的发展之间的矛盾。机构职能体系必须适应人民新需求。

习近平总书记明确要求，改革要精准对接发展所需、基层所盼、民心所向，充分回应人民期待。

决定和方案把实现好、维护好、发展好最广大人民根本利益，充分体现在机构设置和职能配置中。

问题是时代的声音，人民心声是改革所向。

着眼于解决人民群众最盼最急最忧的突出问题，着力维护人民群众在经济、政治、文化、社会、生态等各方面权益。

为改善“看病难看病贵”，新组建国家医疗保障局；为更好保护“青山绿水”、治理污染，专门组建生态环境部；为破解“几个大盖帽管不住一个破草帽”，组建国家市场监督管理总局，合并分散在多部门的监管职能……

一位中部省份省长拿到方案立即注意到新组建的退役军人事务部。“制度层面的安排变化，凸显对军人军属权益保障的重视，将为新时代强军治军提供有力支撑。”这位省长说。

利民之事，丝发必兴；厉民之事，毫末必去。

着眼于满足人民群众对高质量公共服务的新需要，在教育文化、卫生健康、医疗保障、应急管理等领域加大机构调整和优化力度，组建一批新机构，完善公共服务体系；

着眼于从群众最不满意的地方改起，针对执法不规范、不严格、不作为、乱作为等突出问题，在市场监管、生态环保、交通运输、农业等领域整合组建执法队伍，加快建立责权统一的执法体系；

着眼于更好保障人民当家作主，推进社会主义民主政治制度化、规范化、程序化；

着眼于努力实现让群众办事“只进一扇门”“最多跑一次”，尽可能把资源、服务、管理放到基层；

……

从“为谁改”落实到“怎么改”，最考验的是突破利益纠葛、啃硬骨头的魄力和勇气。

“对党和国家事业有利的，对最广大人民有利的，该改的就要坚定不移改，这才是对历史负责、对人民负责、对国家负责、对民族负责。”习近平总书记的话掷地有声。

改革来自人民，符合人民需要的改革方案从全面深入的调查研究、吸取各地各方面的探索经验中得来——

为了回应好人民期待，必须进行深入广泛的调研，全面倾听各方面的声音、充分吸取各地方的经验。

其中，新组建的国家医疗保障局，就吸收了基层探索经验。

福建三明，过去医保亏损严重，医患矛盾突出。几年前围绕医药、医保、医疗推进“三医联动”，获得了“药价下降、医务人员收入增加、医保扭亏为盈”三赢。如今，这一经验被方案借鉴。

“坚持问题导向，把各地区各部门各方面对机构改革的意见摸清楚，把机构设置存在的问题弄清楚。”2017年7月，习近平总书记就深化机构改革作出批示。

中央改革办和中央编办组成10个调研组，分赴31个省区市、71个中央和国家机关部门。短短一个月，当面听取了139位省部级主要负责同志的意见和建议。

回忆起2017年8月那个炎热的下午，一位中部省份省委书记印象深刻：

“就在省委招待所，我一个人，没带秘书，他们五个人坐对面。我写了个提纲，没想到他们听得很起劲，不回应、不插话，记得也很仔细，我就结合自己亲身经历放开了讲，起码谈了两个半小时。”

调查组还向657个市县的1197位党委和政府主要负责同志个人发放了问卷，收集了31个省份的深化地方机构改革调研报告。

马不停蹄，紧锣密鼓。工作人员整理汇总了厚厚两大本、42万字各方面意见。

“有些问题共性很强，其中有一个共性问题60多位省部级主要负责人都提出了。”调研组工作人员说。

调研抓准了问题、凝聚了共识，充分表明了改革的必要性和紧迫性。

一位部级领导甚至直言："如果我所在的部门不被撤销，这就不是一次彻底的改革！"

集思广益、凝聚共识，实事求是、总结提炼。

从寒冬时节到春回大地，本着对历史负责、对人民负责的态度，相关文件几经修改、一再完善，起草组的同志们字字斟酌、精益求精。

仅决定就经历了框架稿、送审稿、征求意见稿、修改稿、讨论稿、再次修改稿等多个版本，几上几下、数易其稿的艰辛过程。

2018 年 2 月 1 日，中办发出通知，就决定稿征求各地各部门意见。

2 月 6 日，习近平总书记主持召开座谈会，听取各民主党派、全国工商联和无党派人士的意见。

与会人士一致认为，平时看到的、听到的、想到的有关问题，在决定中都有回应有对策，切实体现了坚持以人民为中心的改革原则，必将成为一份指导性极强的纲领性文件。

兼收并蓄，从善如流。各地各部门和党外人士提出的 550 条意见，文件起草组力求能吸收的尽量吸收，最终对决定稿修改 171 处。

把人民获得感作为"试金石"，把人民的支持作为"发动机"，把深化党和国家机构改革同简政放权、放管结合、优化服务结合起来，切实做到人民有所呼、改革有所应。

这场以人民为中心的改革，正在书写历史，开创未来。

一个目标更加清晰
——推进国家治理体系和治理能力现代化，努力形成更加成熟、更加定型的中国特色社会主义制度

中国特色社会主义步入新时代，全面建设社会主义现代化国家踏

上新征程，必须实现国家治理体系和治理能力现代化。

但横亘在现代化新征程上的挑战依然不少：发展质量和效益还不高，创新能力不够强，生态环境保护任重道远，社会服务体系不健全，民生领域还有不少短板，全面依法治国任务依然繁重……

“这些问题同国家治理体系和治理能力直接或间接相关，要从根本上加以解决，就必须对体制机制和机构进行调整完善，推动经济、政治、文化、社会、生态文明领域改革持续深化，加快构建系统完备、科学规范、运行有效的党和国家机构职能体系。”习近平总书记强调。

展开党和国家机构改革的宏大蓝图，人们发现，中国共产党立志进行以推进国家治理体系和治理能力现代化为目标的深刻变革的决心，力透纸背。

——立足当前、聚焦今后三年，针对实现第一个百年奋斗目标，抓重点、补短板、强弱项、防风险；

——放眼未来、着眼今后二三十年，前瞻实现第二个百年奋斗目标，重视打基础、立支柱、定架构，解决事关长远的体制机制问题。

推进国家治理体系和治理能力现代化，改革突出系统性、全面性、重构性——

啃最硬的骨头，拆最牢的藩篱。

“组建”“重新组建”“优化”“不再设立”……方案中的一系列关键词，意味着党和国家机构正在发生一场前所未有的深刻变革。

“这不是小修小补，而是大刀阔斧；不是细枝末节，而是建梁架柱；不是拆东补西，而是系统重构。既立足当前又着眼长远。”一位西部省份省委书记说。

这次改革涉及的中央和国家机关部门、直属单位就超过 80 个。改革调整幅度之大，触及利益之深，为改革开放 40 年来之最。

“这不是分久必合、合久必分的循环往复，而是标本兼治、形神兼备、带有重构性的真改革，是一场伟大的自我革命。”一位全国人大代表说。

推进国家治理体系和治理能力现代化，改革重在优化协同高效——

不少人注意到，以往的机构改革强调“精简”，这次改革并未突出这一点，而是强调“优化协同高效”。

“优化就是要科学合理、权责一致，协同就是要有统有分、有主有次，高效就是要履职到位、流程通畅。”习近平总书记指出，只要这个目标达到了，该精简的就精简，该加强的就加强，不要为了精简而精简。

这次改革，确保一类事项原则上由一个部门统筹、一件事情原则上由一个部门负责，让党和国家机构设置更加科学、职能更加优化、权责更加协同、监管更加有力、运行更加高效。

比如有关农业投资项目，过去牵涉到农业部、国家发展改革委和财政部等多个部门分段管理，如今要整合有关职责到新组建的农业农村部。

社会各界普遍认为，这次改革将原来需要在多个部门之间流转的事情放在一个部门，极大提高决策和办事效率，避免政出多门、责任不明、推诿扯皮。

推进国家治理体系和治理能力现代化，改革力求调动中央和地方两个积极性——

调动中央和地方两个积极性，一直以来是改革的重点。

决定提出，确保集中统一领导；赋予省级及以下机构更多自主权；构建简约高效的基层管理体制；规范垂直管理体制和地方分级管理体制。

原则坚定，措施灵活——决定明确，上级机关要优化对基层的领导方式，既允许“一对多”，由一个基层机构承接多个上级机构的任务；也允许“多对一”，由基层不同机构向同一个上级机构请示汇报。

基层干部普遍反映，改革正在破解“上面千根线下面一根针”的问题，保证基层事情基层办、基层权力给基层、基层事情有人办，必将激发基层更大的活力，也对基层干部的能力有了更高的要求。

推进国家治理体系和治理能力现代化，改革使政府与市场两只手定位更加清晰、协调——

这次深化机构改革，对宏观管理、市场监管领域的机构和职能进行了大幅调整优化，以充分发挥市场和政府各自优势：

减少了宏观部门的微观管理事务和具体审批事项，要求把主要精力真正转到抓宏观上来，发挥战略导向作用；

做出了市场监管体制改革顶层设计，组建国家市场监管总局，集中管理反垄断统一执法和知识产权保护；

……

一方面通过改革让各类市场主体有更多活力和更大空间去发展经济、创造财富，实现资源配置效益最大化和效率最优化；另一方面发挥党和政府的积极作用，管好那些市场管不了或者管不好的事情。

各界人士一致看好这些举措，认为将极大降低制度性交易成本，为经济社会发展提供更为强大的驱动力。

一分部署，九分落实。

这是一张确保改革落地的时间表、路线图：

中央和国家机关机构改革要在2018年底前落实到位；

省级党政机构改革方案要在2018年9月底前报党中央审批，2018年底前机构调整基本到位；

省以下党政机构改革由省级党委统一领导，在2018年底前报党中央备案。所有地方党政机构改革任务在2019年3月底前基本完成；

实施机构改革方案需要制定或修改法律的，要及时启动相关程序；依法依规完善党和国家机构职能，依法履行职责，依法管理机构和编制，确保改革在法治轨道上运行。

40年前改革开放的声声春雷，唤醒了一个时代的蓬勃生机；

40年后机构改革的阵阵鼓点，更激发起奋进新时代的万丈豪情。

在以习近平同志为核心的党中央坚强领导下，我们一定能完成深化党和国家机构改革的各项任务，形成更加成熟、更加定型的中国特色社会主义制度，为决胜全面建成小康社会、加快推进社会主义现代化提供坚实支撑。

（新华社北京2018年3月22日电　新华社记者秦杰、陈二厚、刘铮、姜琳、施雨岑）

扫码收看

相关内容与视频

筑牢中国长治久安的制度根基

——《中共中央关于坚持和完善中国特色社会主义制度、推进国家治理体系和治理能力现代化若干重大问题的决定》诞生记

2019 年 10 月 31 日，中国共产党第十九届中央委员会第四次全体会议表决通过《中共中央关于坚持和完善中国特色社会主义制度、推进国家治理体系和治理能力现代化若干重大问题的决定》。

这是坚持和完善中国特色社会主义制度、推进国家治理体系和治理能力现代化作出的行动纲领和政治宣示。

全会《决定》为中国特色社会主义道路自信、理论自信、制度自信、文化自信写下了历史篇章，为占世界五分之一人口的东方大国开辟国家治理新境界指明了方向，也为人类社会制度文明贡献了中国智慧。

肩负伟大使命　顺应时代要求

——把中国特色社会主义制度坚持好、完善好、发展好，使其更加成熟更加定型，是关系党和国家事业发展的根本性、全局性、长期性问题

当人民共和国走过 70 年壮阔征程，时代的脚步行进至又一个意义

非凡的节点。

“党的十九届四中全会是我们党站在‘两个一百年’奋斗目标的历史交汇点上召开的一次重要会议。”习近平总书记一语道出历史的经纬。

“坚持和完善中国特色社会主义制度、推进国家治理体系和治理能力现代化”——用一次中央全会专门研究这个重大问题并作出决定，这在我们党的历史上还是第一次。

这是从政治上、全局上、战略上全面考量，立足当前、着眼长远作出的重大决策，充分体现了以习近平同志为核心的党中央高瞻远瞩的战略眼光和强烈的历史担当。

早在党的十九届三中全会召开后，习近平总书记就开始考虑党的十九届四中全会研究的主题。

站在百年未有之大变局的时代潮头，习近平总书记进行了深邃的战略思考：在我国国家制度和国家治理上应该坚持和巩固什么、完善和发展什么？

这一重要指引，为全会定下了守正创新的主基调，成为贯穿全会《决定》的红线。

“我对党的十九届四中全会议题思考了很久，也听取了各方面意见。”习近平总书记在全会文件起草组第一次全体会议上，深刻阐述了全会议题的重大战略意义。

当代中国共产党人必须回答的时代课题——

“恐怕再有三十年的时间，我们才会在各方面形成一整套更加成熟、更加定型的制度。”邓小平同志在1992年南方谈话中提出了这一战略目标。那一年召开的党的十四大，将之郑重写入大会报告，并明确提出了“到建党一百周年的时候”的时间表。此后的党的全国代表大会和中央全会进一步强调了这一任务。

在中国共产党人的接力跑中，这一神圣使命历史地落到了以习近平同志为主要代表的当代中国共产党人肩头。正如习近平总书记所指出的，时间节点即将到来，有必要对这个重大命题进行系统梳理总结，作出回答。

落实党的十九大战略安排的逻辑展开——

党的十九大在决胜全面建成小康社会、开启全面建设社会主义现代化国家新征程的时代坐标中，作出了“两个十五年”战略安排：从2020年到2035年，基本实现社会主义现代化；从2035年到本世纪中叶，建成社会主义现代化强国。纵观两阶段任务，都鲜明指向坚持和完善中国特色社会主义制度、推进国家治理体系和治理能力现代化的重大课题。

推进新时代改革开放的根本要求——

6年前，党的十八届三中全会首次提出：“全面深化改革的总目标是完善和发展中国特色社会主义制度，推进国家治理体系和治理能力现代化。”

相比过去，新时代改革开放具有许多新的内涵和特点，其中很重要的一点就是制度建设分量更重。新时代谋划全面深化改革，必须深刻把握我国发展要求和时代潮流，把国家制度建设和国家治理能力建设摆在更加突出的位置。

实现民族伟大复兴的重要保证——

站在新中国成立70周年的历史时刻、处在“两个一百年”的历史交汇期、面对世界百年未有之大变局，一个奋斗不息致力于长期执政的政党，一个矢志不渝肩负民族复兴重任的政党，一个胸怀天下善于规划世纪的政党，势必在思考：下一个70年我们要怎么干，未来的百年蓝图将如何绘就，通向中华民族伟大复兴的道路如何才能越走越宽广？

习近平总书记深刻指出："我们党立志于中华民族千秋伟业，不仅要保持中国特色社会主义制度和国家治理体系的稳定性和延续性，而且要不断增强其发展性和创新性，推动中国特色社会主义制度更加成熟更加定型，为确保中国特色社会主义事业长盛不衰、实现中华民族伟大复兴提供牢靠而持久的制度保证。"

一个国家选择什么样的制度和治理体系，是由这个国家的历史传承、文化传统、经济社会发展水平决定的。

中国特色社会主义制度深植于广袤的中国沃土，吸吮着中华民族漫长奋斗积累的文化养分，借鉴人类制度文明有益成果，是经过革命、建设、改革长期实践和发展形成的，具有深刻的历史逻辑、理论逻辑、实践逻辑。

中国共产党成立近百年，新中国成立 70 年，在探索建立、完善发展国家制度和国家治理体系的奋进征程中，中华民族迎来了从站起来、富起来到强起来的伟大飞跃。

世界怎么了，世界将向何处去。面对充满不确定性的未来，世界更加瞩目中国成功的秘诀。

置身社会主义现代化新征程，我们比以往任何时候、任何阶段都更加需要明确回答在我国国家制度和国家治理上应该坚持和巩固什么、完善和发展什么这个重大问题。

这正是党的十九届四中全会的历史方位，也是全会《决定》诞生的时代背景。

牢牢把握航向　充分发扬民主
——全会《决定》起草工作始终在以习近平同志为核心的党中央领导下进行，在系统学习、深刻思考、兼收并蓄、凝聚共识中推进

“全力以赴做好文件起草工作，拿出经得起历史和实践检验的好文件。”习近平总书记从一开始就提出明确要求。

全会文件起草组由习近平总书记亲自担任组长。

2019 年 4 月 3 日，中南海怀仁堂。习近平总书记主持召开全会文件起草组第一次全体会议。自此之后的 200 多个日日夜夜，全会《决定》起草工作始终在习近平总书记直接领导下进行。

2 次主持召开全会文件起草组全体会议，4 次主持召开中央政治局常委会会议，2 次主持召开中央政治局会议，无数次审阅批改文件稿；从提纲框架方案到送审稿，对上报的每一稿都认真审阅、提出要求……习近平总书记对全会《决定》起草工作倾注了大量心血。

把方向——

深刻阐述全会议题的重大战略意义，系统总结我国国家制度和国家治理体系形成和发展的历史进程，进一步强调坚持我国社会主义国家性质和人民当家作主的深刻意义……习近平总书记从历史和现实、当前和长远、理论和实践、守正和创新出发，作出一系列重要指示，为全会《决定》起草工作提供根本遵循。

定原则——

习近平总书记反复强调，起草好这次全会《决定》，一要准确把握坚持和完善中国特色社会主义制度、推进国家治理体系和治理能力现代化这一主题主线，二要坚持从大的评价体系看制度好不好、优越

不优越，三要重点把坚持和巩固什么、完善和发展什么讲清楚。

划重点——

习近平总书记明确指出，这次全会研究的议题涉及面很广，要重点研究支撑中国特色社会主义制度的根本制度、基本制度、重要制度，充分阐释我们制度的历史必然性和中国特色，紧扣主题突出新部署和关键举措。

中共中央政治局常委会其他同志也围绕全会《决定》起草工作开展调查研究，进行深入思考，提出明确意见。

起草一份好文件，必须努力提高思想理论素养，力求将我们党理论创新、实践创新成果充分体现出来。

从春光明媚，到夏日炎炎，再到秋意渐浓，全会文件起草组的同志们认真学习习近平总书记重要论著、讲话，深入研读党的重要文献，围绕关键问题开展研讨。数十册文件选编，读了又读、划了又划，有的折着页角、有的插上便签，各种笔记、符号密密麻麻。学习思考、调研论证，研讨碰撞、起草修改……全会文件在反复比较、细化推敲中逐步成型。

起草一份好文件，必须充分发扬民主、集思广益，广泛吸纳全党全社会智慧。全会《决定》起草过程是发扬社会主义民主的生动实践。

4 月 7 日，中共中央发出通知，在党内一定范围组织讨论，广泛征求对全会议题的意见和建议。

20 多天里，109 份意见和建议从四面八方汇集而来。全会文件起草组整理出 54 万字汇总本，并形成汇总报告。带着对党情国情世情的调研思考，凝结着全党智慧的结晶。

经过 5 个月奋战，9 月初，全会《决定》征求意见稿下发中央党政军群各部门和各地区，在党内广泛征求意见。党内老同志也对全会《决定》征求意见稿提出了意见。

荣辱与共，肝胆相照。早在4月，中共中央委托中央统战部召开党外人士座谈会，就全会主题征求意见。9月25日，习近平总书记主持召开座谈会，听取各民主党派、全国工商联和无党派人士对全会《决定》征求意见稿的意见。与会党外人士提出了很多有价值、有见地的意见和建议。

海纳百川，有容乃大。对全会《决定》征求意见稿，各地区各部门各方面共提出修改意见1948条。

“反复研究各方面的意见建议，能吸收的尽量吸收”——根据习近平总书记重要指示，全会文件起草组对文件增写、改写、精简文字共计283处，覆盖436条意见建议。

10月28日，动员全党力量、凝聚各方智慧的《中共中央关于坚持和完善中国特色社会主义制度、推进国家治理体系和治理能力现代化若干重大问题的决定（讨论稿）》摆放在了出席全会各位同志面前。

在为期4天的全会上，与会同志认真学习领会习近平总书记重要讲话和对全会《决定（讨论稿）》所作的说明，紧扣会议主题深入讨论，并认真研究全会《决定》稿。在第一轮讨论中，全会文件起草组收到反馈意见227条。根据这些意见，对全会《决定（讨论稿）》作出45处修改。

会议期间，习近平总书记主持召开中央政治局常委会会议，再次对全会《决定》稿进行审议并提出修改意见。

10月31日上午，拟提交全会表决的全会《决定》稿再次交由各小组讨论。仔细研读、研究思考、热烈讨论……与会同志本着高度负责的精神，又提出一些修改意见。全会对《决定》稿再次作出4处重要修改。

在征求意见、审议讨论的过程中，从重大论断、重要举措，到关键提法、遣词用句，每次征求的意见都进行了系统整理、认真对待、充分吸纳——

高屋建瓴，字字千钧。全会《决定》的行文风格给人留下深刻印象。

聚焦制度、治理，每个部分帽段定性简洁明了；接下来的几条说清楚要干什么，把制度、政策、方针说到位；政治结论清晰，原则立场精炼阐述……全会《决定》的起草、修改，充分贯彻执行了习近平总书记“重大问题不能含糊，必须讲清楚”的要求。

与会同志一致认为，全会《决定》是一个举旗定向、统一思想、凝聚力量的好文件，是推进我国国家制度和国家治理体系建设的纲领性文件，必将对构建系统完备、科学规范、运行有效的制度体系，提高国家治理体系和治理能力现代化水平产生重大而深远的影响。

彰显制度优势　坚持守正创新
——全会《决定》必将推动为中华民族伟大复兴提供更加坚实的制度保障

2019 年 11 月 5 日，《中共中央关于坚持和完善中国特色社会主义制度、推进国家治理体系和治理能力现代化若干重大问题的决定》全文公布。

全会《决定》分为 3 大板块、15 个部分。第一部分为总论，阐述坚持和完善中国特色社会主义制度、推进国家治理体系和治理能力现代化的重大意义和总体要求；第二至十四部分分别阐述中国特色社会主义制度体系的 13 个方面；第十五部分和结束语，阐述加强党对坚持和完善中国特色社会主义制度、推进国家治理体系和治理能力现代化的领导。

翻开全会《决定》，新时代中国共产党人坚持和巩固什么、完善和发展什么的行动纲领和政治宣示掷地有声，与时俱进、守正创新的理论品格、实践品格跃然纸上。

两大“奇迹”！首次全面总结中国特色社会主义制度建设的历史性成就——

“世所罕见的经济快速发展奇迹和社会长期稳定奇迹”，新中国成立 70 年来，我们党领导人民创造的这两大“奇迹”，第一次写入党的全会文件。

正是这样的中国奇迹，令人民充满自信，让世界刮目相看。无可争辩的事实一再证明，中国特色社会主义制度和国家治理体系深得人民拥护，具有强大生命力和巨大优越性。

13 大显著优势！首次集中概括中国特色社会主义制度和国家治理体系的显著优势——

“社会主义制度好在哪里、优越性体现在哪里”“中国特色社会主义道路为什么走得通、走得好”……在马克思主义中国化、时代化的进程中，理论上更加清醒、更加成熟的当代中国共产党人作出了响亮回答。

“坚持党的集中统一领导，坚持党的科学理论，保持政治稳定，确保国家始终沿着社会主义方向前进的显著优势”；

“坚持人民当家作主，发展人民民主，密切联系群众，紧紧依靠人民推动国家发展的显著优势”；

“坚持全国一盘棋，调动各方面积极性，集中力量办大事的显著优势”；

……

集中概括 13 条显著优势，正是我们坚定中国特色社会主义道路自信、理论自信、制度自信、文化自信的基本依据。

13个方面！首次深刻阐述支撑中国特色社会主义制度的根本制度、基本制度、重要制度——

党的领导制度体系、人民当家作主制度体系、中国特色社会主义法治体系、中国特色社会主义行政体制、社会主义基本经济制度、繁荣发展社会主义先进文化的制度、统筹城乡的民生保障制度、共建共治共享的社会治理制度、生态文明制度体系、党对人民军队的绝对领导制度、“一国两制”制度体系、独立自主的和平外交政策、党和国家监督体系……

覆盖13个方面的制度，勾勒出新时代中国特色社会主义制度体系的宏阔格局。

“全面实现”！首次明确提出坚持和完善中国特色社会主义制度、推进国家治理体系和治理能力现代化的总体目标——

“到我们党成立100年时，在各方面制度更加成熟更加定型上取得明显成效”；

“到2035年，各方面制度更加完善，基本实现国家治理体系和治理能力现代化”；

“到新中国成立100年时，全面实现国家治理体系和治理能力现代化，使中国特色社会主义制度更加巩固、优越性充分展现。”

坚持党的领导，是全会《决定》的根本遵循。

中国共产党领导是中国特色社会主义最本质的特征，是中国特色社会主义制度强大生命力和巨大优越性最集中的体现。

在全会《决定》系统描绘的中国特色社会主义制度体系中，党的领导制度是国家的根本领导制度，统领和贯穿其他各方面的制度。

“建立不忘初心、牢记使命的制度”“完善坚定维护党中央权威和集中统一领导的各项制度”“健全党的全面领导制度”……6个方面的制度，健全党总揽全局、协调各方的党的领导制度体系，把党的领导落实到国家治理各领域各方面各环节。

以人民为中心，是全会《决定》的价值旨归。

反复出现“人民”一词，开辟专章论述“坚持和完善统筹城乡的民生保障制度，满足人民日益增长的美好生活需要”，全会《决定》郑重宣示了中国共产党人不变的初心使命、如一的为民情怀。

“健全有利于更充分更高质量就业的促进机制”“完善覆盖全民的社会保障体系”“强化提高人民健康水平的制度保障”……一切为了人民的殷殷深情力透纸背。

“破”与“立”并举，“制”与“治”融通。

全会《决定》部署200多项重大举措，进一步明确任务书。

制度的生命力在于执行。

全会《决定》鲜明提出新时代共产党人肩负神圣使命、勇挑历史重担的更高要求——

“坚持和完善中国特色社会主义制度、推进国家治理体系和治理能力现代化，是全党的一项重大战略任务。”

“必须在党中央统一领导下进行，科学谋划、精心组织，远近结合、整体推进……”

“切实强化制度意识，带头维护制度权威，做制度执行的表率”，全会《决定》对各级党委和政府以及各级领导干部提出明确要求。

按照习近平总书记对全会精神学习宣传和贯彻落实的提前谋划部署，有关部门提前制定有关宣讲宣传方案，抓紧整理重大举措清单，拿出贯彻落实的具体分工方案，确保全会精神和各项举措落地落实、发挥效力。

回眸来路，放眼前程，越是历经风雨洗礼，我们越是信心百倍。

在中国共产党坚强领导下，拥有5000多年灿烂文明历史的中国人民守正笃行、与时俱进，经过几十年艰辛探索，形成和发展中国特色社会主义制度，走出了一条被实践证明也必将被历史证明是正确的康庄大道。

在以习近平同志为核心的党中央坚强领导下，中国人民一定能把坚持和发展中国特色社会主义、推进国家治理体系和治理能力现代化这篇大文章写出更加辉煌的时代新篇。

（新华社北京2019年11月6日电　新华社记者赵承、霍小光、张晓松、邹伟、施雨岑）

扫码收看

相关内容与视频

新时代的人民法典

——《中华人民共和国民法典》诞生记

共和国法治建设，迎来了历史性的一刻——

2020 年 5 月 28 日下午，北京，人民大会堂。

十三届全国人大三次会议以 2879 票赞成、2 票反对、5 票弃权，高票表决通过《中华人民共和国民法典》，热烈的掌声，在万人大礼堂久久回荡。

2020 年 5 月 28 日，十三届全国人大三次会议表决《中华人民共和国民法典（草案）》。（新华社记者 丁海涛 摄）

5 年磨一剑，宣告中国迈入“民法典时代”。这是新中国历史上首个以“法典”命名的法律，承载着几代立法者、法律工作者乃至亿万人民的梦想。

漫画：中国民法典诞生！（新华社发 徐骏 作）

开启中国民事法律新时代

民法是民事领域的基础性、综合性法律。编纂民法典，是一个国家法律传统和法治信仰的生动写照，映射出一个民族的不懈奋进。

重庆，嘉陵江畔，歌乐山下。

近百岁高龄的法学家金平，清晰记得自己亲历的新中国三次民法起草工作。

“第一次是 1954 年，第二次是 1962 年，第三次是 1979 年。”金平说，“必须承认，只有经济社会发展、人民安居乐业、法治深入人心，民法典才具备成功编纂的条件。”

中国民事法律的前进脚步从未停歇。改革开放以来，民法通则、合同法、物权法等民事单行法律相继出台，民事法律规范体系逐渐完备。

党的十八大以来，以习近平同志为核心的党中央带领亿万人民砥砺奋进，开辟新的航程。全面依法治国纳入“四个全面”战略布局，党和国家事业取得历史性成就、发生历史性变革。

经济发展行稳致远，要靠民法制度调整关系、维护秩序；社会生活风清气正，需要民法制度立规明矩、激浊扬清；法治建设劈波斩浪，离不开民法制度夯实基础、与时俱进。

2014 年 10 月，党的十八届四中全会通过《中共中央关于全面推进依法治国若干重大问题的决定》，明确提出“编纂民法典”。

“这无疑是我们国家民法史上一个突破性的节点。”白发苍苍的金平回想彼时，仍难掩激动，“只有这个时代，才能诞生我们自己的民法典。”

图表：中国民法典诞生！ （新华社记者 肖潇 编制）

伟大的时代，催生伟大的法典。编纂一部符合我国国情和实际，体例科学、结构严谨、规范合理、内容完整并协调一致的民法典，离不开坚强的领导核心和科学的思想指引。

2016年6月、2018年8月、2019年12月，习近平总书记三次主持中央政治局常委会会议，听取并原则同意全国人大常委会党组就民法典编纂工作所作的请示汇报，对民法典编纂工作作出重要指示，为民法典编纂工作提供了重要指导和基本遵循。

“自始至终，民法典编纂工作都是在党中央的领导下进行。”全国人大常委会法工委民法室负责人说，根据编纂民法典的指导思想，立法机关确立了“编纂式立法”这一重要理念。

——不是制定全新的民事法律，而是对现行的民事法律规范进行编订纂修。

——不是简单的“麻袋装土豆”，而要对已经不适应现实情况的规定进行修改完善，针对经济社会生活中出现的新情况、新问题作出有针对性的新规定。

为做好民法典编纂工作，全国人大常委会党组先后多次向党中央请示和报告，就民法典编纂工作的总体考虑、工作步骤、体例结构等重大问题进行汇报。

“党中央的坚强领导，是我们圆满完成民法典编纂的决定性因素。”全程参与本次民法典编纂的全国人大代表、中国社会科学院学部委员孙宪忠透露，不少立法中的关键问题和重大争议，都是党中央在科学研判的基础上拍板解决。

源于风车水磨时代的《法国民法典》，因其对现代民法制度的“启蒙”而著称。来自工业化社会初期的《德国民法典》，以其逻辑严谨、体系周密而传承。

世界百年未有之大变局下，中国民法典如何呼应时代，为人类法治文明写下浓墨重彩的一笔？

漫画：完善程序　（新华社发 徐骏 作）

欲茂其枝，必深其根。这是一部具有鲜明中国特色的民法典——

弘扬社会主义核心价值观，强化对人格权的全面保护，维护家庭成员合法权益……民族精神融入民法典，引领传统美德和社会公德深入人心。

事异时移，法随时变。这是一部充分体现时代特点的民法典——

协调经济发展与环境保护的关系，破解人工智能发展带来的矛盾冲突，强化互联网时代个人信息保护……民法典与时俱进，为解决21世纪人类面临的共同问题贡献中国智慧。

民为邦本，法系根基。这是一部有效反映人民意愿的民法典——

破解高空抛物坠物难题，维护小区业主合法权益，明确禁止高利放贷……民法典聚焦百姓关切，强化保护人民权利，为百姓安居乐业提供法治保障。

“在法律体系中，如果说宪法是天空中高扬的旗帜，那么民法就是大地上坚实的脚步。”孙宪忠说，“每一步也许平淡无奇，但正是这些扎实的脚步，让整个国家的治理水平不断提升。”

漫画：更加强调　　（新华社发 徐骏 作）

一场新时代科学立法、民主立法的生动实践

2020 年 2 月，疫情防控阻击战正处于关键阶段。

全国人大代表、广州市中级人民法院少年家事审判庭庭长陈海仪，焦急地与全国人大常委会相关部门取得联系，反映有儿童因为家长被隔离而无人照顾的问题，并建议对相关制度作出完善。

2020年两会上，陈海仪惊喜地发现，她的建议已经在立法中得到回应。民法典结合疫情防控，进一步完善监护制度，把对被监护人的保护网织得更密。

漫画：拒绝骚扰　（新华社发 曹一 作）

一部民法典，映射一个国家的立法水平。

时间回溯到2015年3月，全国人大常委会法工委启动民法典编纂工作。结合我国民事法律体系现状，一开始就明确了"两步走"的规划。

"'两步走'是民法典成功编纂的重要保障。"孙宪忠说，首先制定民法总则，调整民事活动必须遵循的基本原则和一般性规则等重要内容，属于大的创新。然后对其他现行民事法律进行整合修订，编纂民法典各分编。

“创新”与“整合”协调搭配，让民法典在最大程度保持民事法律制度连续、稳定的前提下，体现立法的前瞻性和开放性，有效回应时代要求。

2017 年 3 月，十二届全国人大五次会议表决通过民法总则，民法典编纂顺利迈出第一步。

2018 年 8 月，民法典各分编草案亮相。此后的一年多时间里，全国人大常委会对民法典各分编草案多次进行拆分审议。

广袤的神州大地，十里不同风，百里不同俗。编纂民法典，寻求经济发展和群众生活基本规范的广泛共识，必须扑下身子，倾听民声。

——开门立法，求得社会共识“最大公约数”。

2020 年 1 月，一场关于民法典草案的意见征询会在上海市长宁区虹桥街道召开，来自各行各业的居民各抒己见，与立法机关面对面交流。

“大家针对涉及老百姓切身利益的问题提出了许多意见建议，也切实感受到国家法治的不断进步。”基层立法联系点信息员卞小林说。

全国人大常委会 10 次审议，10 次向社会公开征求意见，3 次组织全国人大代表研读讨论，针对意见反映集中、争议较大的问题专门召开座谈会……一场广泛而热烈的“民法典大讨论”，成为法治中国的靓丽风景。

——深入实际，让人民的法典更接地气、更具实效。

通过代表工作广纳民意，2019 年办理全国人大代表提出涉及民法典编纂的议案 32 件；

选取生态环境、公益诉讼、夫妻共同债务等重点问题，专程奔赴有代表性的地方调研；

漫画：安全运输（新华社发 曹一 作）

针对物业纠纷等老百姓反映强烈的问题，走访小区、居委会……

立法工作者深入基层，广泛吸纳各方意见，让立法理念与社会发展同步，法律条文与百姓期盼同频。

2019 年 12 月，由民法总则与民法典各分编草案“合体”而来的完整版民法典草案首次展现在世人眼前。

2020 年两会期间，代表委员们对民法典草案进行了认真审议和热烈讨论。大家认为，草案符合我国国情和实际，反映了人民意愿，体现了民法基本原理、基本精神和民事活动的内在规律。

根据各方面意见，草案又作了 100 余处修改，其中实质性修改 40 余处——

禁止物业公司用断水、断电等方式催交物业费；

针对地面塌陷伤人问题作出规定；

明确公安等机关对高空抛物坠物的调查责任；

……

民法典的画卷上，立法者们秉持“人民至上”理念，确保党的主张通过法定程序成为国家意志。

保障人民权利，在“民”与“法”之间彰显为民情怀

大数据和信息技术的发展，让个人隐私边界日益模糊。

试衣间可能暗藏“第三只眼”，手机被骚扰电话轰炸，照片被人肆意丑化……互联网时代，法律能否更好保护你我权利？

翻开民法典，“人格权”一编格外引人注目。

明确“隐私”的定义，完善对肖像权的保护，确立器官捐献基本规则，加强个人信息保护……人格权独立成编被认为是民法典的突出亮点和重大创新，将我国法律对人身自由、人格尊严的保护提升到了新高度。

人们也许不知道，在民法典编纂之初，对于“人格权是否独立成编”曾有过一番激烈的讨论——

有人提出，要最大限度体现对“人”的尊重和关怀，必须通过单独的分编对人格权的类型和保护措施作出全面规定。

也有人认为，民法典对人格尊严的保护，通过总则编以及侵权责任编的有关规定即可实现。

“无论是哪一种意见，大家有着共同的目标，就是要加强对人格权的保护，只是立法形式有分歧。”全国人大常委会法工委民法室副主任石宏说，“立足于破解人格权保护领域新情况新问题，强调全面保护，我们经过反复研究，决定将人格权独立为一编。”

——这是关乎 14 亿人民生老病死、衣食住行的“权利宣言”。

从呱呱坠地享受百般关爱，到两鬓如霜儿孙绕膝；从清晨迎接第一缕阳光，到下班回家休息打开电视，我们时时刻刻都在与民法打交道，受法律规制，受法律保护。

享受天伦之乐，却不知孩子几岁能打酱油？民法典总则编告诉你，限制民事行为能力人的年龄标准已经从 10 岁调整为 8 岁。

迎来“乔迁之喜”，却遭遇蛮横物业？民法典合同编增加规定了物业服务合同，更好保障业主权利。

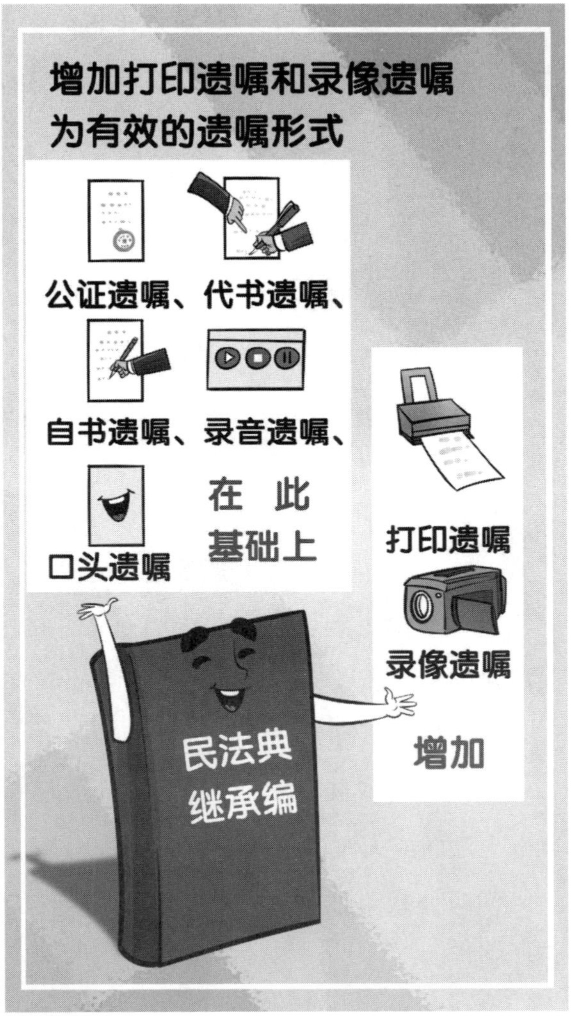

漫画：遗嘱形式 （新华社发 曹一 作）

暮年想修改遗嘱，却已无力前往公证处？民法典继承编增加了录像等新的遗嘱形式，公证遗嘱也不再效力优先。

……

“民法典的编纂以‘保护民事主体权利’作为主线，对人民权利的保障可谓事无巨细。”石宏介绍，编纂民法典，把现行民法中已经滞后的规定找出来加以完善，形成更加完备的民事权利体系，更好维护人民权益。

——这是镌刻在字里行间的“人民情怀”。

去世亲人的照片被人恶意损毁，珍藏多年的书籍被借走后“一去不返”……遭遇物质与心灵的双重创伤时，法律能否给出解决办法？

民法典作出回应：扩大精神损害赔偿范围。

“这代表着法律从注重物质保护，向精神权益、人格权益的保护拓展。”北京理工大学法学院民法典研究中心主任孟强如此评价。

从总则编明确规定胎儿利益保护，到婚姻家庭编加大对婚姻无过错方的保护，再到继承编强调尊重立遗嘱人的真实意愿……对个人权利实现“从出生到坟墓”的全面保护，是民事法律的价值归属，更是民法典的鲜明态度。

——这是贯穿始终的精神脉络。

立足社会发展热点难点，聚焦百姓身边“堵点”“痛点”，民法典以立法回应人民群众所急所需所盼。

回应公众对性骚扰行为的深恶痛绝，明确有关认定标准和单位制止性骚扰的义务。

聚焦各界反映强烈的“霸座”“抢方向盘”现象，细化客运合同双方的权利义务。

……

有法律界人士感慨，民法典把对人身权、人格权的保护放在更加突出的位置，有利于满足新时代人民群众日益增长的美好生活需要，提高人民群众获得感、幸福感、安全感，促进人的全面发展。

漫画：强化保护 （新华社发 徐骏 作）

推动“中国之治”进入更高境界

5 月的深圳，观澜河畔绿荫葱葱。

我国首个民法主题公园建设如火如荼。规划图上，悬浮的“民法环”舒展于树影之间，巍然矗立的民法纪年轴标记出民法发展史……

法者，治之端也。伴随着民法典表决通过，这部“社会生活百科全书”即将走进你我生活，在经济社会方方面面发挥基础性和全局性作用。

从民法到民法典，一个“典”字折射出整个国家治理水平的提升——

近年来，不少进城务工农民遇到了新问题：“家中承包地闲置，能否‘出租’出去进行农业生产？”

民有所呼，法有所应。民法典吸收承包地“三权分置”改革成果，完善土地承包经营权相关规定，删除耕地使用权不得抵押的规定，为“三权分置”后承包地经营权流转打牢法律基础。

“这是一个巨大进步，有助于用活土地承包经营权，更好激发农村社会活力。”全国政协委员、上海外国语大学法学院副教授黄绮说。

民法典是权利的宣言，更是国家治理的基本遵循和依靠。

从体现交易自由，到强调契约精神；从设立“特别法人”，到健全现代产权制度，民法典体现社会主义市场经济的基本要求，明确民商事活动的行为规则和基本遵循，营造良好的法治化营商环境，保障经济高质量发展。

规定环境污染和生态破坏的惩罚性赔偿，为基因胚胎科研活动划定规范，确定网络虚拟财产受法律保护……民法典紧扣时代脉搏，有效增强民事法律规范的时代性、系统性和协调性，进一步完善中国特色社会主义法律体系，也为世界法治文明贡献中国方案和中国智慧。

——一部民法典，熔铸中华民族的“精气神”。

2020年两会期间，一段“修空调小哥徒手爬上6楼救女童”视频广泛流传，令许多人赞叹；“撞伤儿童离开遇阻猝死案”写入最高人民法院工作报告，法院公正判决得到网友点赞……

风清气正的社会风尚，不会让仗义出手者陷入法律与道德困境。民法典鼓励见义勇为，明确减免救助人责任，不让“英雄流血又流泪”。

编纂民法典，诠释民族精神的立法表达。

厚重的民法典，1200多个条文之首，“社会主义核心价值观”庄重醒目。

区别于西方民法典的价值理念，我国民法典清晰地将社会主义核心价值观注入到我国民事法律制度的价值内核之中。

对禁止结婚的情形作出完善，明确夫妻共同债务范围，设立离婚冷静期……以民法典为纲，将相敬如宾、相濡以沫的优良传统继续发扬传承。

“树立优良家风”写进法律，弘扬家庭美德；完善代位继承制度，减少遗产纠纷……民法典托举“家”的温暖，用千万个家庭“小幸福”融汇成国家民族“大和谐”。

为解决小区纠纷提供法律依据，维护和谐邻里关系；规定“自助行为”制度，引导社会成员合理维权；完善离婚损害赔偿制度，保护无过错方权益……民法典树立鲜明导向，引领公序良俗，彰显法安天下、德润人心。

——全面修典，不止于立法，更在于法之必行。

法律的生命在于实施。实施民法典，是一项系统工程、长期工程，需要各方面共同努力，常抓不懈。

司法是维护社会公平正义的最后一道防线，也是法律得到有效实施的关键。人们注意到，2020 年的两高报告均提出，要认真贯彻实施民法典，依法保护民事主体合法权益。

“对处于人生观、价值观形成阶段的青年学生来说，学习民法典不仅是一次普法的过程，更有利于树立契约精神、规则意识和诚信意识。”全国人大代表、湖南师范大学教授谢资清说，建议各行各业尽快开展学习民法典的活动，为法律的顺利实施打好基础。

立法、执法、司法、守法各环节各司其职，广大人民群众共同参与，让民法典的精神和内容内化于心、外践于行，融入日常生活，成为全体社会成员的行为规范。

缘法求道，道立国坚。以民为本，循法而治。

这部具有中国特色、体现时代特点、反映人民意愿的民法典，必将助推“中国之治”跃上更高境界，在新时代中国特色社会主义事业奋斗征程上树起又一座法治丰碑。

（新华社北京2020年5月28日电　新华社记者罗沙、杨维汉、白阳、熊丰，参与采写记者陈国洲、黄安琪、郭敬丹、兰天鸣、周颖、吴燕婷、谢昊、熊琳、张紫赟）

扫码收看

相关内容与视频

历史交汇点上的宏伟蓝图

——《中共中央关于制定国民经济和社会发展第十四个五年规划和二〇三五年远景目标的建议》诞生记

中华民族伟大复兴的逐梦航程，迎来新的出发——

2020年10月29日，如潮的掌声中，中国共产党第十九届中央委员会第五次全体会议审议通过《中共中央关于制定国民经济和社会发展第十四个五年规划和二〇三五年远景目标的建议》。

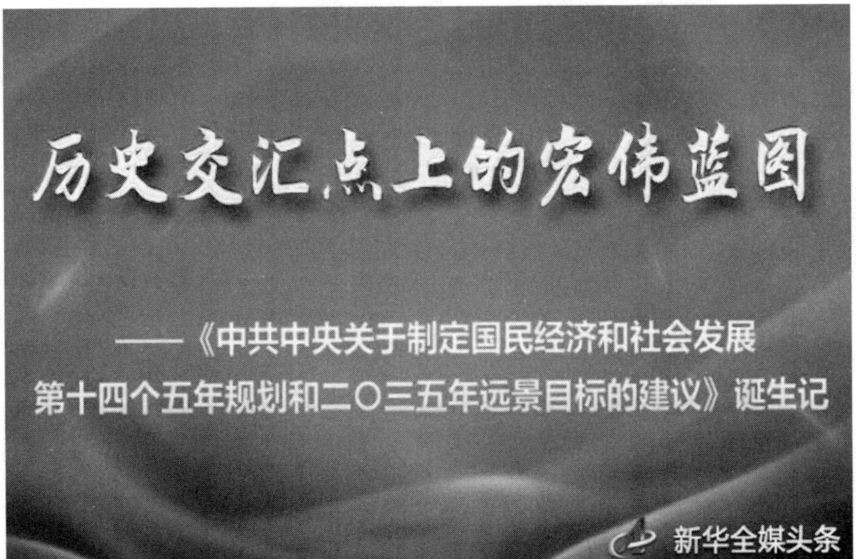

这份在习近平总书记亲自领导下、汇聚全党全国智慧编制而成的行动纲领和政治宣言，擘画了中国面向未来的宏伟蓝图——

在胜利实现第一个百年奋斗目标之后，以习近平同志为核心的党中央将带领14亿中国人民开启全面建设社会主义现代化国家新征程，向着第二个百年奋斗目标继续奋勇前行！

肩负伟大使命，把准前行航向，吹响向第二个百年奋斗目标进军的号角

中国共产党第十九届中央委员会第五次全体会议，于2020年10月26日至29日在北京举行。（新华社记者 刘彬 摄）

2020年，中华民族迎来又一个历史关键节点。

“十三五”收官在即，全面建成小康社会、完成脱贫攻坚任务、实现第一个百年奋斗目标胜利在望；“十四五”新篇待启，中华民族

将踏上全面建设社会主义现代化国家、向第二个百年奋斗目标进军的新征程。

站在“两个一百年”奋斗目标的历史交汇点上，以习近平同志为核心的党中央担当着千钧重任。

2020 年春天，北京中南海。

就在领导全国人民抗击新冠肺炎疫情的紧要时刻，以习近平同志为核心的党中央，同时进行着一场事关民族复兴前途命运的战略谋划。

3 月，中央政治局常委会、中央政治局先后召开会议，决定党的十九届五中全会重点研究“十四五”规划建议问题，并决定成立文件起草组，由习近平总书记担任组长，李克强、王沪宁、韩正同志任副组长，有关部门和地方负责同志参加，在中央政治局常委会领导下进行文件起草工作。

4 月 13 日，武汉“解封”还不到一周，习近平总书记就在中南海怀仁堂主持召开文件起草组第一次全体会，对文件起草工作进行指引。

在这次动员会上，习近平总书记鲜明指出：“十四五”时期是我国全面建成小康社会之后，乘势而上为实现第二个百年奋斗目标而奋斗的第一个五年，是我国抓住难得机遇、顶住各种挑战、拓展发展新空间的关键时期。

“现在，摆在我们面前的历史性课题就是加强顶层设计和科学规划，继续贯彻落实党的十九大作出的战略安排，指导全党全国做好未来 5 年经济社会发展工作。”习近平总书记在这次讲话中一下子就提出了 38 个需要重点研究的课题。

今日之中国，正在攻坚克难中书写新的历史巨变——

2020 年 6 月 23 日，我国北斗三号全球卫星导航系统最后一颗组网卫星在西昌卫星发射中心点火升空。（新华社发　胡煦劼 摄）

经济总量今年预计超百万亿元，人均 GDP 突破 1 万美元；拥有世界最大中等收入群体，形成强大国内市场；生态环境明显改善，美丽中国建设成效显著；5575 万农村贫困人口实现脱贫，困扰中华民族千百年的绝对贫困问题将彻底解决……

“十三五”期间，面对错综复杂的国内外形势和突如其来的新冠肺炎疫情考验，以习近平同志为核心的党中央坚定沉着、保持定力，稳经济、促发展、战疫情、斗灾情、化危机、应变局，奋发有为推进党和国家各项事业，中华民族伟大复兴向前迈出了新的一大步，社会主义中国以更加雄伟的身姿屹立于世界东方。

来之不易的成绩，凝结着习近平总书记的心血智慧，展现出习近平新时代中国特色社会主义思想的强大生命力和科学真理性的光芒，汇聚着 14 亿人民团结奋进的磅礴伟力。

在江苏启东，“天鲲号”自航绞吸挖泥船驶离码头出港海试。（新华社记者李响　2018年6月8日摄）

今日之中国，即将开启一段更辉煌的征程——

2021—2035，在中华民族伟大复兴的历史坐标上，将是怎样的15年？

党的十九大对实现第二个百年奋斗目标作出分两个阶段推进的战略安排。这次五中全会提出2035年远景目标，正是对第一个15年基本实现社会主义现代化的具体谋划。到那时，改革开放后邓小平同志提出的“三步走”战略设想，将提前15年成为现实，而“十四五”则是这一阶段的开篇之作。

对于历经苦难与辉煌的中华民族来说，现代化国家，曾是如此期盼却遥不可及的梦想。无数仁人志士前仆后继不懈奋斗的目标，即将在我们这一代人手中成为现实！

在山东青岛，人们在时速600公里高速磁浮试验样车下线仪式上参观。（新华社记者 李紫恒　2019年5月23日摄）

今日之中国，已进入实现中华民族伟大复兴的关键时期，发展面临前所未有的复杂环境——

向内看，我国发展仍处于重要战略机遇期，但机遇和挑战都有新的发展变化。我国已转向高质量发展阶段，经济长期向好，但发展不平衡不充分问题仍然突出，重点领域关键环节改革任务仍然艰巨，全面实现社会主义现代化还有相当长的路要走；

向外看，世界百年未有之大变局进入加速演变期，和平发展仍是时代主题，但国际形势的不稳定性不确定性明显增强，新冠肺炎疫情大流行影响广泛深远，单边主义、保护主义、霸权主义对世界和平与发展构成威胁，世界进入动荡变革期。

面对历史的重托、人民的期待，习近平总书记以强烈的使命感责任感，登高望远、运筹帷幄。

“华龙一号”全球首堆福清核电 5 号机组现场。（新华社发　2020 年 1 月 8 日摄）

这是上海自贸区的航拍照片。（新华社记者 丁汀　2017 年 3 月 9 日摄）

事实上，2019 年 10 月党的十九届四中全会后，习近平总书记就开始关于党的十九届五中全会部署全面建设社会主义现代化国家的思考，并开展了一系列调查研究，就相关重大问题作出了一系列重要指示批示，要求有关部门及时研判、及早研究。

统筹中华民族伟大复兴战略全局和世界百年未有之大变局，我们党如何团结带领全国各族人民踏上现代化新征程？如何在世界的动荡变革期延伸和延展中国的战略机遇期，在化危为机中下好先手棋、赢得发展主动权？

“在发展环境发生深刻变化的情况下，党内外、国内外都在看着我们。五中全会要在历史关键时刻对国家发展走向作出战略指引。”习近平总书记的话铿锵有力。

无论在国际多双边场合，还是走进田间地头、产业园区调研，抑或主持召开一场场重要会议、一次次中央政治局集体学习……习近平总书记始终在深入调研和思考中把脉发展大势，回答时代之问。

2020 年 10 月 27 日，一艘货轮停靠天津港。天津港集团正式开通运营今年第四条“一带一路”新航线（无人机照片）。（新华社发）

习近平总书记高瞻远瞩的谋划，充分体现在起草组第一次会议上的重要讲话之中，并且成为此后约 200 天文件起草全过程的根本遵循。

——为新时代新征程的领航图把准方向。

明确“十四五”时期的时代方位，从“两个大局”出发阐明中国未来发展的机遇与挑战……习近平总书记谋深虑远，深刻阐明制定好“十四五”规划建议的重大意义。

“制定好‘十四五’规划建议，为编制规划纲要提供依据，向社会传递未来 5 年我国发展的主要目标、优先领域、重点任务，有利于引导全社会汇聚共识、凝聚力量，推动我国经济社会发展不断取得新的成就。”习近平总书记指出。

10 月 21 日，2020 年第 1000 列“义新欧”中欧班列从铁路义乌西站发车。（新华社发　龚献明 摄）

——明确研究制定规划建议的总体要求。

“谋划‘十四五’时期发展，必须贯彻党的十九大和十九届二中、三中、四中全会确定的重大战略部署，把握全面建设社会主义现代化国家的目标要求，深入贯彻新发展理念。”习近平总书记强调。

在具体工作方法上，习近平总书记提出，思考和起草文件继续沿用制定“十三五”规划建议时五个“相”的工作法：坚持目标导向和问题导向相统一、面向国内和全球视野相统筹、全面规划和突出重点相协调、战略性和操作性相结合、中期规划和长远展望相衔接。

习近平总书记还强调，起草“十四五”规划建议必须紧扣新形势新任务，处理好五大关系：继承和创新的关系、政府和市场的关系、开放和自主的关系、发展和安全的关系、战略和战术的关系，为文件起草工作进一步指明了方向。

——提出需要深入研究的“十四五”重大问题。

空中俯瞰杭州市淳安县千岛湖（无人机照片）。（新华社记者 徐昱　2018 年 7 月 18 日摄）

问题是时代的声音。历史总是在不断解决问题中前进。

我们党领导人民干革命、搞建设、抓改革，都是为了解决我国的实际问题。世界百年未有之大变局在“十四五”时期会有哪些突出表现？新冠肺炎疫情导致的全球衰退会持续多长时间？我国工业化城镇化处于什么阶段？“十四五”时期有哪些需要国家统筹谋划布局的重大工程项目……

习近平总书记指出，起草好“十四五”规划建议，要总结全面建成小康社会的成就和经验，科学研判“十四五”时期发展环境，深入研究“十四五”时期发展的总体思路和主要目标，准确把握“十四五”时期重大战略任务，研究提出深化改革开放重大举措，前瞻性谋划防范化解重大风险的应对预案。

“在文件起草工作正式启动的关键时刻，总书记的重要讲话让我们醍醐灌顶，既为‘十四五’时期我国实现高质量发展指明方向，也为我们写出一份指导高质量发展的高质量文献提供了行动指南和根本遵循。”起草组同志一致表示。

在习近平总书记深邃思考统筹谋划下，规划建议的指导思想、目标要求、重大任务日益清晰，一幅面向2035年的社会主义现代化国家新图景铺展在世界面前——

我国经济实力、科技实力、综合国力将大幅跃升，经济总量和城乡居民人均收入将再迈上新的大台阶，关键核心技术实现重大突破，进入创新型国家前列；

基本实现新型工业化、信息化、城镇化、农业现代化，建成现代化经济体系；

基本实现国家治理体系和治理能力现代化，人民平等参与、平等发展权利得到充分保障，基本建成法治国家、法治政府、法治社会；

拼版照片上图：这是整屯搬迁前的广西南丹县里湖瑶族乡董甲村么干屯（2018 年 1 月 10 日摄）。村民们都搬迁到“千家瑶寨 · 万户瑶乡”里湖王尚易地扶贫搬迁安置点。下图：这是广西南丹县“千家瑶寨 · 万户瑶乡”里湖王尚易地扶贫搬迁安置点（2020 年 8 月 4 日摄，无人机照片）。（新华社记者 周华 摄）

建成文化强国、教育强国、人才强国、体育强国、健康中国，国民素质和社会文明程度达到新高度，国家文化软实力显著增强；

广泛形成绿色生产生活方式，碳排放达峰后稳中有降，生态环境根本好转，美丽中国建设目标基本实现；

形成对外开放新格局，参与国际经济合作和竞争新优势明显增强；

人均国内生产总值达到中等发达国家水平，中等收入群体显著扩大，基本公共服务实现均等化，城乡区域发展差距和居民生活水平差距显著缩小；

平安中国建设达到更高水平，基本实现国防和军队现代化；

人民生活更加美好，人的全面发展、全体人民共同富裕取得更为明显的实质性进展……

关键时点的精准研判，举旗定向的路径引领，让世界看到了一个百年大党聚精会神搞建设、一心一意谋发展，一张蓝图绘到底、坚定不移向前进的决心和行动。

加强顶层设计和坚持问计于民相统一，凝聚起新时代新发展力量源泉

北京西郊，文件起草组驻地，会议室的灯光常常彻夜不熄。

从 4 月 15 日进驻开始，在习近平总书记关心指导下，全体文件起草组成员夙兴夜寐、孜孜不倦，全身心投入到文件起草工作中。

——整理汇编并深入学习领会习近平总书记有关重要讲话；

——专题研究习近平总书记在文件起草组第一次全体会议上所提的 38 个重大问题；

——深入研读中央财办、国家发展改革委组织有关部门、智库研

究形成的200余份“十四五”规划前期重大课题研究报告；

——统筹吸收各地区各部门向中央提交的109份关于“十四五”规划的意见和建议；

……

“每天戴着口罩讨论规划，这在我国五年规划建议的起草史上前所未有。”起草组成员不无感慨地说。

在江西省南昌市东湖区彭家桥街道文教路北社区，老人们在社区的“幸福食堂”吃午饭。（新华社记者 彭昭之　2020年7月29日摄）

6月17日，中南海怀仁堂前绿草茵茵。时隔两个多月以后，习近平总书记主持召开文件起草组第二次全体会议。

关于文件框架是采用传统“串糖葫芦式”条状结构，还是“集装箱式”块状结构，与会人员进行了热烈讨论。

“这两个框架方案都注重体现开启全面建设社会主义现代化国家的时代特征，都注重体现新发展理念和高质量发展的内在要求，各有特点。”习近平总书记综合考量后建议，可以按照多数同志赞同的条状结构先写起来，同时也借鉴块状结构的一些长处。

关键时刻的精准指点，让起草组成员豁然开朗。

“关于这次全会文件的题目，我赞成叫关于制定国民经济和社会发展第十四个五年规划和二〇三五年远景目标的建议。”习近平总书记接着说，“应该把五年规划和 2035 年的远景展望有机结合起来，使之更有方向感、历史感、战略性。”

习近平总书记还亲自布置了文件起草组的分组和任务分工，并对下一步起草工作提出 7 方面要求——

“深刻把握时代背景”“坚持鲜明的方向指引”“突出办好我国自己的事情”“坚持改革开放”“突出系统观点”“突出科技创新”“同步推进经济社会现代化和国家治理现代化”……

在广西武宣县二塘镇双桂小学，老师韦旭禧给学生们发牛奶。（新华社记者 曹祎铭 2020 年 6 月 19 日摄）

“总书记既从大处着眼指明文件起草工作方向，又从细处落笔明确文件框架结构和任务分工，鼓舞着我们全力以赴为党和国家拿出一份经得起历史检验的高质量文献。”一位起草组成员说。

一份份专题报告，认真学习吸收；一篇篇参阅资料，抓紧汇总整理。数百万字的文字材料贴满了五颜六色的便签与索引，各种笔记、符号密密麻麻。

艰辛的“思想爬坡”中，有热烈讨论，也不乏切磋争论。

在框架结构上，文件虽然最终采用了条状结构，但在逻辑线索上暗含着创新、协调、绿色、开放、共享五大新发展理念的块状顺序，这就使全文既浑然一体又简洁清晰。

在吉林省吉林市一拉溪镇，农民在运粮车上整理收割机收获的水稻。（新华社记者 许畅　2018年9月17日摄）

在具体写法上，经过深入讨论，起草组借鉴了党的十八届三中全会文件写法，采用“60条”的序号形式，这有利于减少条与条之间的起承转合，既直指问题关键，又使文件信息密集度最大化。

顶层设计同问计于民相结合，是本次文件起草最鲜明的特点。

9月17日上午，湖南长沙。在基层教育一线工作了近30年的常宁市塔山瑶族乡中心小学副校长盘玖仁没有想到，能有机会当面向习近平总书记汇报工作、提出“十四五”规划建议。

当天，正在湖南考察的习近平总书记主持召开基层代表座谈会。

“首先是教师数量不足，存在结构性缺编；其次是条件艰苦，好的老师留不住……”盘玖仁坦诚直白地说出了偏远民族地区基础教育中存在的短板。

“你反映的问题很实际。”习近平总书记回应道。

“昨天我去看了汝城县文明瑶族乡第一片小学，学校里有教学楼、宿舍和食堂，营养午餐是免费的，孩子们很开朗，说明改革开放以来，我们基本解决了义务教育普及化的问题，但教育资源不均衡问题又突出出来。‘十四五’时期要着力解决这个问题，要好好研究。”

村支书、乡村教师、扶贫干部、农民工、种粮大户、货车司机、快递小哥、餐馆店主、法律工作者……两个多小时的座谈会上，习近平总书记同每一位发言代表都进行了交流。

“正确的道路从哪里来？从群众中来。我们要眼睛向下，把顶层设计同问计于民统一起来。”习近平总书记再次强调。

为了起草好“十四五”规划建议，从2020年7月到9月，习近平总书记亲自主持召开了7场专题座谈会。

从出席人员看，涵盖企业家、党外人士、经济社会领域专家、科学家、教育文化卫生体育领域专家、地方党政领导、基层代表等各领域各阶层人士；

从召开地点看，既有北京，也有合肥、长沙等考察调研途中；

从座谈主题看，有专门针对某一群体的开门问策，有针对某一区域发展的问诊求方，还有针对基层群众的意见听取……

沉甸甸的“十四五”规划建议，正是在习近平总书记亲自谋划主持下，在一次次深入调研、广集民智中找到破题的关键，在一场场座谈交流中凝聚奋进的共识。

云南省怒江傈僳族自治州贡山县人民法院法官邓兴背着国徽与同事们跨过怒江。为方便居住在高山峡谷里的农村群众，邓兴和同事们一起背着国徽，组建巡回法庭。每年足迹遍及 50 多个村镇，行程近万公里。（新华社记者 江文耀　2019 年 8 月 30 日摄）

习近平总书记多次强调，要“鼓励广大人民群众和社会各界以各种方式为‘十四五’规划建言献策，切实把社会期盼、群众智慧、专家意见、基层经验充分吸收到‘十四五’规划编制中来，齐心协力把‘十四五’规划编制好”。

8 月 16 日一大早，人民日报、新华社、中央广播电视总台所属官网、新闻客户端及“学习强国”学习平台同步推出了新专栏——建言“十四五”。

通过互联网就“十四五”规划编制向全社会征求意见和建议，这在我国五年计划和规划编制史上是第一次。基层百姓的所思所想、所期所盼，得以直通中南海。

开门问策、集思广益，亿万网友的议政热情被充分点燃。短短两周时间里，累计收到超过 101.8 万条建言，其中对民生保障、社会治理、经济发展、生态环境、党的建设、乡村振兴等方面的意见建议最为集中，为文件起草工作提供了有益参考。

新疆喀什古城景区举行开城仪式，欢迎游客入城游览。（新华社记者 马锴　2020 年 9 月 11 日摄）

网上意见征求活动告一段落后，习近平总书记专门作出重要指示强调，针对人民群众所提建设性意见，“有关部门要及时梳理分析、认真吸收”“要总结这次活动的经验和做法，在今后工作中更好发挥互联网在倾听人民呼声、汇聚人民智慧方面的作用，更好集思广益、凝心聚力”。

8月中旬，“十四五”规划建议稿向全国各地区各部门各单位党委、党组征求意见。共收到108个单位和10份党外人士书面材料反馈，总共提出修改意见2181条。收到从中央领导职务退下来的老同志等方面反馈意见58份。

在认真研究、逐条斟酌基础上，起草组对全会文件稿初步增写、改写、精简文字共计366处，覆盖各方面意见建议546条，反馈意见的吸收率达21.88%。

在“2020年上海市夏季人才招聘会暨高校毕业生面洽会”上，求职者了解招聘单位信息。（新华社记者 刘颖　2020年7月25日摄）

“从习近平总书记亲自主持召开多场座谈会到启动网络意见征求活动，从党内一定范围征求意见到听取党外人士意见建议，这次五年规划建议征求意见范围之广、参与人数之多、形式之多样堪称前所未有。”一位曾多次参与中央重要文件起草工作的起草组成员说。

春去秋来，耕耘收获，规划建议稿在夜以继日的反复打磨修改中日渐成熟。

习近平总书记先后3次主持召开中央政治局常委会会议、2次主持召开中央政治局会议审议建议送审稿。

10月26日上午9时，这份承载党和人民重托、凝聚各方智慧力量的文件，摆放在了出席党的十九届五中全会的各位同志面前。会上，习近平总书记代表中央政治局作工作报告，并就建议讨论稿向全会作了说明。

从26日下午开始，与会中央委员、候补中央委员、中央纪律检查委员会常务委员会委员、有关方面负责同志以及党的十九大代表中的部分基层同志和专家学者，分成10个小组，围绕中央政治局工作报告和建议讨论稿展开讨论。大家争相发言，气氛热烈，充分发扬党内民主。出席会议的198名中央委员中189人发言，166名候补中央委员全部发言，153名列席人员中151人发言，不少人多次发表了意见和建议。

与会同志一致表示，在新时代中国特色社会主义事业砥砺奋进中，习近平总书记以马克思主义政治家的恢弘气魄、远见卓识、雄韬伟略，惊涛骇浪中坚如磐石，风险挑战中运筹帷幄，充分展现了大国领袖的政治智慧、战略定力、使命担当、为民情怀、领导艺术，赢得了全党全军全国各族人民的衷心爱戴和高度信赖。有习近平总书记作为党中央的核心、全党的核心领航掌舵，有全党全国各族人民团结一心、顽强奋斗，我们就一定能够战胜前进道路上出现的各种艰难险阻。

与会同志一致认为，规划建议从全局和战略高度对我国中长期发展进行战略擘画，以理论武装引领整体设计，以洞察大势引领全盘布局，以目标愿景引领宏伟征程，兼顾谋当下与图长远、固根本与扬优势、驭变局与开新局，系统回答新发展阶段实现什么样的发展、怎样实现发展等一系列重大问题，通篇贯穿马克思主义立场观点方法，展现出强大的思想力量、真理力量、实践力量。

经过两天半的充分讨论，与会代表共提出修改意见290余条。文件起草组根据这些意见，对建议稿作出31处修改。

28日晚上，习近平总书记主持召开中央政治局常委会会议，审议建议修改稿。

29日上午，建议修改稿再次提交全会讨论。文件起草组吸收与会代表新的意见建议，又对建议稿作出修改，最终形成建议表决稿。

29日下午，全会正式审议通过了这份建议。

“全会通过的《建议》，是开启全面建设社会主义现代化国家新征程、向第二个百年奋斗目标进军的纲领性文件，是今后5年乃至更长时期我国经济社会发展的行动指南。”习近平总书记在十九届五中全会第二次全体会议上强调指出。

迈入新发展阶段、贯彻新发展理念、构建新发展格局，规划建议将指引中国实现高质量发展

2020年11月3日，新华社受权播发规划建议全文。

思想有多深，实践就能走多远。

深刻认识新发展阶段、全面贯彻新发展理念、着力构建新发展格局——这三个“新”，构成了规划建议全文的逻辑主线，体现着习近平

总书记关于中国未来发展的深邃思考。

“这三个‘新’的提法不是从石头缝里蹦出来的，而是充分体现了我们党对中国这样一个有着 14 亿人口大国迈向现代化强国的战略思考，是对习近平新时代中国特色社会主义思想的进一步丰富和发展。”一位起草组成员说。

发展，是解决我国一切问题的基础和关键。

从判断我国经济发展正处在“三期叠加”的特定阶段到提出经济发展进入新常态，从提出新发展理念到推进供给侧结构性改革，再到党的十九大明确我国经济发展已由高速增长阶段转向高质量发展阶段……

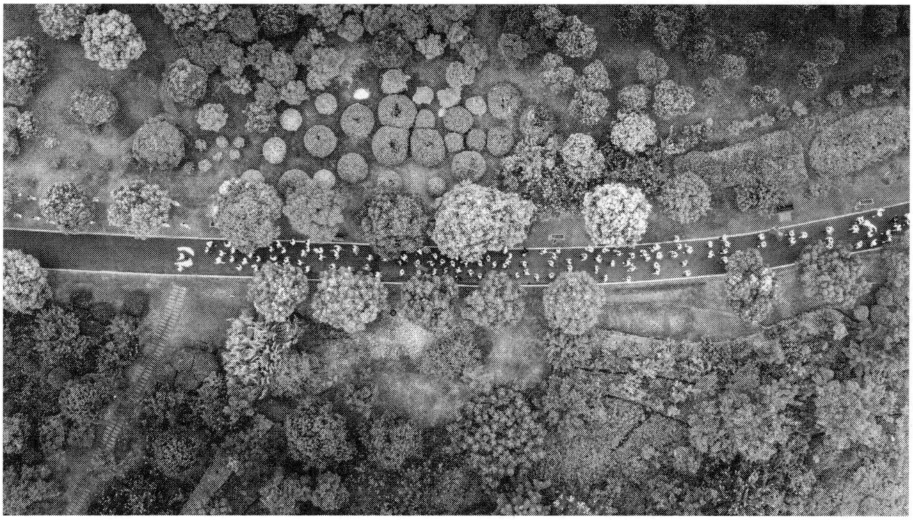

在江苏省淮安市，体育爱好者在淮安森林公园进行“全民健步走”活动（无人机照片）。（新华社发 干石泉　2020 年 8 月 7 日摄）

习近平总书记关于中国特色社会主义新时代我国不同发展阶段的论断一脉相承，表明我们党对经济发展阶段性特征的认识不断深化，充满着历史纵深感、与时俱进的时代感。

——新发展阶段之“新”，就在于中国进入了全面建设社会主义现代化国家、向第二个百年奋斗目标进军的阶段，这在我国发展进程中具有里程碑意义。

实现更加充分更高质量就业、实现高质量引进来和高水平走出去、推动共建“一带一路”高质量发展、建设高质量教育体系……翻开规划建议，一幅幅高质量发展的新图景跃然纸上。

“高质量发展不能只是一句口号，更不是局限于经济领域”；

“要研究经济社会发展目标如何充分体现高质量发展的要求”；

“当前制约高质量发展的体制机制障碍还不少，改革潜力有待进一步释放”……

文件起草过程中，习近平总书记的一系列重要讲话精神，传递一个鲜明指向：“十四五”乃至今后更长时期，以推动高质量发展为主题要体现在国家发展的各领域和全过程。

——新发展理念之“新”，就在于党的十八大以来、特别是“十三五”以来，被实践证明科学有效的新发展理念，将继续引领“十四五”时期的发展，保证新发展阶段走稳走深走实。

理念是行动的先导，管全局、管根本、管方向、管长远。

“十三五”规划建议中，创新、协调、绿色、开放、共享五大发展理念如一条主线主导布局，统领全篇；

适应新形势新要求的“十四五”规划建议，则将五大发展理念化作一条论述逻辑线，如经脉串联起各章节的枝枝叶叶，推动新发展理念在更深更广层面落细落实。

这是文件中一个别具深意的安排——在规划建议的 12 个方面重大任务部分，“坚持创新驱动发展”被放在了最前面。

“如同‘十三五’把创新发展放在‘集装箱式’块状结构的第一部分，‘十四五’规划建议的这一安排，进一步表明我们党对创新发展的极端重视，尤其是大变局下的大国博弈，更坚定我们走科技自立自强的创新发展道路决心。”起草组成员这样认为。

“抓住了创新，就抓住了牵动经济社会发展全局的‘牛鼻子’。”习近平总书记反复强调，要像当年攻克“两弹一星”一样，集中力量攻克“卡脖子”的关键核心技术。

在起草创新发展部分的重要内容时，习近平总书记给予进一步指导，强调“十四五”时期要加强系统谋划，集中优势兵力，敢于抢抓机遇，“尽快冲出重围，一个山头一个山头攻下来”。

坚持创新在我国现代化建设全局中的核心地位，强化国家战略科技力量；

坚持实施区域重大战略、区域协调发展战略、主体功能区战略，构建高质量发展的国土空间布局和支撑体系；

坚持绿水青山就是金山银山理念，促进经济社会发展全面绿色转型，建设人与自然和谐共生的现代化；

坚持实施更大范围、更宽领域、更深层次对外开放，依托我国大市场优势，促进国际合作，实现互利共赢；

坚持把实现好、维护好、发展好最广大人民根本利益作为发展的出发点和落脚点，促进人的全面发展和社会全面进步；

……

“规划建议中的这些重大部署进一步表明，新发展理念将贯穿发展全过程和各领域，强调要在质量变革、效率变革、动力变革的基础上，实现更高质量、更有效率、更加公平、更可持续、更为安全的发展，这反映出我们党对发展规律的更深刻认识。”一位起草组成员说。

——新发展格局之“新”，就在于这一新战略部署，是适应我国新发展阶段要求、塑造国际合作和竞争新优势的必然选择。

“构建以国内大循环为主体、国内国际双循环相互促进的新发展格局。”今年习近平总书记主持召开的第七次、第八次中央财经委会议，都与谋划新发展格局有关。自 2020 年 5 月以来，习近平总书记在不同场合反复提到的这一新战略部署，成为规划建议的重要内容。

这是否是中国迫于外部形势的无奈之举、被动之举？是否意味着中国扩大开放政策将发生改变？

面对各方关切，习近平总书记明确指出：

“改革开放以来，我们遭遇过很多外部风险冲击，最终都能化险为夷，靠的就是办好自己的事、把发展立足点放在国内。”

“我们强调集中力量办好自己的事情，强调以国内大循环为主体，绝不是要关起门来搞建设，而是要在国际环境发生重大变化的情况下进行总体性应对，以顺畅的国内大循环形成对全球资源要素的引力场，形成参与国际竞争和合作新优势。”

坚持扩大内需这个战略基点，以深化供给侧结构性改革为主线，坚持把发展经济着力点放在实体经济上，畅通国内大循环，促进国内国际双循环，全面促进消费，拓展投资空间……规划建议的一系列部署，将在构建新发展格局中开拓发展新境界。

新发展阶段、新发展理念、新发展格局背后，始终贯穿着两件大事：统筹发展和安全。

实施国家安全战略、防范和化解影响我国现代化进程的各种风险……规划建议中关于“安全”的提法和系统部署，彰显着我们党在实践中不断完善的总体国家安全观。

“越是开放越要重视安全，统筹好发展和安全两件大事，增强自身竞争能力、开放监管能力、风险防控能力。”习近平总书记强调。

下好先手棋，打好主动仗。规划建议彰显了以习近平同志为核心的党中央总揽全局和守正创新，将为中国在新时代新征程上开好局、起好步发挥统领作用。

永葆初心使命，坚持以人民为中心的发展思想，不断满足人民美好生活需要

“十四五”规划建议对人民群众意味着什么?

习近平总书记这样生动阐述：“为了不断满足人民群众对美好生活的需要，我们就要不断制定新的阶段性目标，一步一个脚印沿着正确的道路往前走。”

不断满足人民对美好生活的向往和需求，正是起草“十四五”规划建议的价值基点，也是我们党治国理政的出发点和落脚点。

“十四五”开启之时，恰逢中国共产党建党百年。

百年风雷激荡，中国共产党始终以为人民谋幸福、为民族谋复兴为初心和使命。此次起草规划建议的过程，也无时无刻不澎湃着赤诚火热的为民之心。

研读全会规划建议，扑面而来的是浓郁的人民情怀，贯穿始终的是以人民为中心的发展思想。

发展为了人民——

文件起草期间，正值新冠肺炎疫情肆虐之际。

习近平总书记指出，“这次应对新冠肺炎疫情，暴露出我国在重大疫情防控体制机制、公共卫生体系等方面存在的一些短板”。广大人民群众也对补齐发展短板有高度期待。

拼版照片上图：2020 年 3 月 8 日，武汉体育中心方舱医院送走最后一批痊愈患者，正式休舱。随后，舱内进行全面消毒工作。这是志愿者在进行消杀作业。下图：2020 年 10 月 4 日，武汉体育中心方舱医院休舱后举行首场大型赛事。（新华社记者 肖艺九 摄）

民有所呼，党有所应。

规划建议中有关公共卫生体系建设的论述篇幅，占到“全面推进健康中国建设”内容的一半以上。习近平总书记还亲自提出，科技创新要增加“面向人民生命健康”的要求，这进一步凸显中国共产党对生命的尊重、对人民的关爱。

一名起草组成员介绍：“起草本次全会文件的时候，我们始终秉持这样一条原则——是否能够真正增进人民福祉。”

习近平总书记曾深刻指出，“党中央的政策好不好，要看乡亲们是哭还是笑。”

百姓期盼天更蓝、山更绿、水更清、环境更优美，这份规划建议就提出了促进经济社会发展全面绿色转型的一系列新举措；

贫困群众脱贫后仍有返贫风险，规划建议就提出建立农村低收入人口和欠发达地区帮扶机制、健全防止返贫监测和帮扶机制等具体举措，实现巩固拓展脱贫攻坚成果同乡村振兴有效衔接；

高速城市化进程中老旧小区暴露出治理困境，规划建议就对我国实施城市更新行动作出部署，努力让城市“有里有面”、百姓安居乐业……

据文件起草组介绍，规划建议提出的 12 个方面重大任务中，改善人民生活品质、提高社会建设水平所占的篇幅最大。可以说，规划建议中的一切发展政策都以人民利益为出发点和落脚点。

发展依靠人民——

网友“问琴知雅意”从未想到，听起来十分“高大上”的“十四五”规划建议，也有自己的一份“功劳”。

8 月中旬，当看到几家中央媒体推出建言“十四五”专栏时，“问琴知雅意”便在央视网建言专栏上留言：

“养老问题已经成为社会保障的热点，农村养老更是困中之困，农村老龄化更为严重，探索有效的农村特色养老模式非常必要”“为农村老年人提供家门口的照料、医疗、娱乐服务”。

几乎同一时间，一位网名为“云帆”的网友在人民网建言专栏上建议：

“乡村振兴应该先从农村互助养老开始，让留守老人有归宿、让进城子女在城里能安心创业。在农村人口聚集区域，由政府财政投入建设公共食堂、公共宿舍，有意愿的老人都可以免费居住、生活在一起，年龄小的、有能力的老人照顾年龄大的、能力弱的老人，形成互助养老模式。”

网友们的建议，很快就送到了文件起草组案头，并得到起草组同志高度重视。

经过统筹考虑研究，规划建议把积极应对人口老龄化从卫生健康领域单列出来，作为单独的一条“实施积极应对人口老龄化国家战略”。同时，网友建议的“互助性养老”模式也正式写入了文件。

从群众中来，到群众中去。规划建议充分汲取了人民群众智慧，也必将凝聚起广大干部群众撸起袖子加油干的强大合力。

发展成果由人民共享——

中国共产党是以马克思主义理论武装起来的政党，对社会主义本质有着清醒的认识：解放生产力，发展生产力，消灭剥削，消除两极分化，最终实现共同富裕。

“我们追求的发展是造福人民的发展，我们追求的富裕是全体人民共同富裕。改革发展搞得成功不成功，最终的判断标准是人民是不是共同享受到了改革发展成果。”习近平总书记话语坚定。

经过数十年高速发展，我国历史性地解决了绝对贫困问题，促进共同富裕的基础和条件比以往更加厚实。

在规划建议中，我们党第一次在全会文件中突出强调“扎实推动共同富裕”，同时下了更大力气促进共享发展——

“加大对欠发达地区财力支持，逐步实现基本公共服务均等化”“推进以县城为重要载体的城镇化建设”“千方百计稳定和扩大就业”“推动义务教育均衡发展和城乡一体化”……

规划建议还在收入分配领域出台一系列政策组合拳：“提高劳动报酬在初次分配中的比重”“着力提高低收入群体收入，扩大中等收入群体”“多渠道增加城乡居民财产性收入”“合理调节过高收入，取缔非法收入”……

生活在伟大祖国和伟大时代的中国人民，享有同祖国共发展、与时代同进步的无限机遇。

时代大潮，澎湃向前。

从 1953 年至今，14 个五年规划（计划）勾勒着中国从一穷二白到繁荣富强的伟大飞跃，也贯穿着一个百年大党一以贯之的主题：把我国建设成为社会主义现代化国家！

站在新的重大历史关口，中华民族伟大复兴将向前迈出更大的步伐，14 亿中国人民携手迈入现代化社会，逐步实现共同富裕，将是人类历史上一件影响深远的大事。

“这是何其远大的目标，何其宏伟的蓝图！”参加全会的一位中央委员动情地说，“百年大党的初心使命，就浓缩在这份规划建议中。这个伟大愿景不仅会造福 14 亿中国人民，更将深刻影响整个世界！”

全面建成小康社会—社会主义现代化国家—社会主义现代化强国，一步一个脚印，一步一个台阶。历史的接力棒，交到了新时代中国共产党人手中。

在以习近平同志为核心的党中央坚强领导下，深刻认识新发展阶段、全面贯彻新发展理念、着力构建新发展格局，亿万人民团结一心不懈奋斗，中国，必将在现代化新征程上再创让世界刮目相看的更大奇迹！

（新华社北京2020年11月4日电　新华社记者赵承、霍小光、韩洁、林晖）

扫码收看

相关内容与视频

牢记初心使命的政治宣言

——《中共中央关于党的百年奋斗重大成就和历史经验的决议》诞生记

每到重大历史关头，中国共产党人总会吹响嘹亮的号角。

2021 年 11 月 8 日至 11 日，一次承前启后、继往开来的重要会议，通过了一份光辉的马克思主义纲领性文献——

在党成立 100 周年的重要历史时刻，在“两个一百年”奋斗目标的历史交汇点，党的十九届六中全会审议通过《中共中央关于党的百年奋斗重大成就和历史经验的决议》，发出新时代中国共产党人牢记初心使命、坚持和发展中国特色社会主义的政治宣言。

洞察历史规律，掌握历史主动，汲取前行力量。

新时代，新征程。在以习近平同志为核心的党中央坚强领导下，中国共产党人坚定历史自信、坚持团结统一、坚定责任担当、坚持自我革命，引领亿万人民以更加昂扬的奋斗姿态奋勇前进，必将从胜利走向更灿烂的辉煌！第二个百年奋斗目标、中华民族伟大复兴的中国梦催人奋进。

重大历史关头的历史性战略性决策
——站在“两个一百年”奋斗目标历史交汇点，以习近平同志为核心的党中央高瞻远瞩、审时度势，将全面总结党的百年奋斗重大成就和历史经验作为全会的鲜明主题

当历史的指针指向2021，矢志复兴的中华民族，行进到关键一程的关键节点。

党的十九届六中全会，是在建党百年之际、在“两个一百年”奋斗目标历史交汇点上召开的重要会议。

2021年3月，以习近平同志为核心的党中央作出历史性、战略性决策：

中央政治局常委会、中央政治局先后召开会议决定，党的十九届六中全会重点研究全面总结党的百年奋斗重大成就和历史经验问题，成立文件起草组起草相关文件。

掌舵领航，习近平总书记为全会确定鲜明的主基调，为文件标定清晰的航向：

“在我们党成立一百周年、开启全面建设社会主义现代化国家新征程的重大历史关头，全面总结党的百年奋斗的重大成就和历史经验，对统一全党思想和行动、在新时代更好开创党和国家事业新局面，具有重大现实意义和深远历史意义。”

以史为鉴，开创未来，中国共产党人一以贯之的优良传统——

回望来路，风雨如磐。党在重大历史关头，制定重大历史决议，拨正了航船前进方向。

在1945年抗日战争胜利前夕、中华民族由衰败走向复兴的重大转折点上，在1981年改革开放大潮初起、决定当代中国前途命运的历史

转折时期，我们党先后制定两个历史决议，都对推动党和人民事业发展起到了重要作用。

今天，我们距离第一个历史决议制定已经过去 76 年，距离第二个历史决议制定过去了 40 年。40 年来，党和国家事业大大向前发展，党的理论和实践也大大向前发展。

今天，我们来到又一个应当总结而且能够总结的重大历史关头——回顾过去、展望未来，对党的百年奋斗历程进行全面系统的总结，既有客观需要，也具备主观条件。

对改革开放历史新时期的成就和经验，党的十一届三中全会召开 20 周年、30 周年时党中央进行了认真总结，特别是习近平总书记在庆祝改革开放 40 周年大会上作了系统总结。

知所从来，方明所往。“以史为鉴是中华文化的一个重要特征，我们党历来高度注重总结历史经验。”习近平总书记如是强调。

重视学习和总结历史，重视借鉴和运用历史经验，重视从历史中汲取智慧和力量，是党能够从小到大、由弱到强，不断取得胜利的重要原因，是党的成功之道。

以史为鉴，开创未来，当代中国共产党人高度的历史自觉和历史自信——

“历史是最好的教科书。”习近平总书记的重要论述发人深省。

党的十八大以来，以习近平同志为核心的党中央将学习党的历史、总结党的历史作为治国理政的重要经验，提高到事关党和国家工作全局的重要地位。

人们还记得，2013 年 1 月 5 日，面对新进中央委员会的委员、候补委员，习近平总书记从六个时间段分析了社会主义思想从提出到现在的历史过程，展现了中国特色社会主义的历史渊源和发展进程，强调要从世界社会主义500年的大历史中把握中国特色社会主义的发展。

人们还记得，2013年6月25日，党的十八大之后第一个“七一”前夕，习近平总书记主持中央政治局集体学习时指出，要继续加强对党史、国史的学习，在对历史的深入思考中做好现实工作、更好走向未来，不断交出坚持和发展中国特色社会主义的合格答卷。

党的十八大以来，习近平总书记每到地方考察，都要瞻仰对我们党具有重大历史意义的革命圣地、红色旧址、革命历史纪念场所，重温那一段段峥嵘岁月，引领人们抵达历史的深处，倾听历史的回响，揭示历史的逻辑，阐释历史对今天的深刻启迪。

向历史寻经验，向历史求规律，向历史探未来。以习近平同志为核心的党中央向全党全社会作出开展党史、新中国史、改革开放史、社会主义发展史学习宣传教育的总体部署。

建党百年之际，如何写好中国共产党的“百年总结”？

胸怀中华民族伟大复兴战略全局和世界百年未有之大变局，习近平总书记以大历史观进行着深邃思考和系统谋划。

2021年2月，一场特殊而重要的党内集中教育——党史学习教育大幕开启。

“回顾历史不是为了从成功中寻求慰藉，更不是为了躺在功劳簿上、为回避今天面临的困难和问题寻找借口，而是为了总结历史经验、把握历史规律，增强开拓前进的勇气和力量。”习近平总书记阐明要旨。

一系列庆祝建党百年的活动安排意味深长：

习近平总书记亲自决策、批准建设党史展览馆，强调要使其成为共产党员受教育受洗礼的精神家园；参观“‘不忘初心、牢记使命’中国共产党历史展览”，重温入党誓词；同约2万名观众一起观看文艺演出《伟大征程》，共同回顾建党百年光辉历程；亲自为“七一勋章”

2021 年 6 月 28 日晚，庆祝中国共产党成立 100 周年文艺演出《伟大征程》在北京国家体育场盛大举行。这是盛典仪式。（新华社记者 庞兴雷 摄）

获得者颁授勋章，致敬英雄，致敬历史……

2021 年 7 月 1 日，举国欢庆，北京天安门广场万众欢腾。

庆祝中国共产党成立 100 周年大会上，站在天安门城楼上，习近平总书记高瞻远瞩：

“我们要用历史映照现实、远观未来，从中国共产党的百年奋斗中看清楚过去我们为什么能够成功、弄明白未来我们怎样才能继续成功”。

从全党如火如荼开展的党史学习教育，到盛大庄严、气势恢宏、礼序乾坤、乐和天地的百年庆典，再到党的十九届六中全会的主题安排，彰显铭记历史、启迪未来的深远战略考量。

以史为鉴，开创未来，党领导人民在新的伟大征程上继续前行的必然要求——

登高望远，党团结带领人民已经踏上实现第二个百年奋斗目标新

2021 年 7 月 1 日上午，庆祝中国共产党成立 100 周年大会在北京天安门广场隆重举行。这是庆祝大会现场放飞气球。（新华社记者 李尕 摄）

的赶考之路，在全面建设社会主义现代化强国的接续奋进中，更加需要借鉴百年历史经验、指引新的航程。

审视前路，世界正经历百年未有之大变局、新冠肺炎疫情全球大流行广泛影响，外部环境更趋复杂严峻，国内疫情防控和经济社会发展各项任务繁重艰巨，风险挑战前所未有。

“要更好应对前进道路上各种可以预见和难以预见的风险挑战，必须从历史中获得启迪，从历史经验中提炼出克敌制胜的法宝。”习近平总书记话语坚定。

汲取百年历史伟力，开启新的伟大征程。

正如全会所指出的，总结党的百年奋斗重大成就和历史经验，是在建党百年历史条件下开启全面建设社会主义现代化国家新征程、在新时代坚持和发展中国特色社会主义的需要；是增强政治意识、大局意识、核心意识、看齐意识，坚定道路自信、理论自信、制度自信、文化自信，做到坚决维护习近平同志党中央的核心、全党的核心地位，坚决维护党中央权威和集中统一领导，确保全党步调一致向前进的需要；是推进党的自我革命、提高全党斗争本领和应对风险挑战能力、永葆党的生机活力、团结带领全国各族人民为实现中华民族伟大复兴的中国梦而继续奋斗的需要。

这是当代中国共产党人的清醒坚定，是全会主题的必然选择，也是新的历史决议诞生的时代呼声。

充分发扬民主　凝聚全党智慧

——决议起草工作始终在以习近平同志为核心的党中央领导下进行，以优良的作风和精益求精的态度高质量起草好一份严谨科学，经得起历史、实践和人民检验的好决议

4 月 9 日，北京中南海怀仁堂。习近平总书记主持召开文件起草组第一次全体会议，文件起草工作正式启动。习近平总书记亲自担任文件起草组组长。

“起草好关于党的历史的高质量文件，是一项光荣而艰巨的任务。”这次会议上，习近平总书记发表重要讲话，为文件起草工作提供贯穿全程的根本遵循：

把方向——深刻认识文件起草工作的重大意义。

“今年是我们党成立一百周年。在这一重大历史关头，全面总结党的重大成就和历史经验，对统一全党思想、坚定信心、开创未来，对认识历史规律、掌握历史主动，对牢记初心使命、传承红色基因，对推动全党进一步统一思想、统一意志、统一行动，团结带领全国各族人民夺取新时代中国特色社会主义伟大胜利，具有重大现实意义和深远历史意义。”

提要求——科学总结党的重大成就和历史经验。

“要按照总结历史、把握规律、坚定信心、走向未来的要求，把我们党走过的光辉历程总结好，把我们党团结带领人民取得的辉煌成就总结好，把我们党推进革命、建设、改革的宝贵经验总结好，把党的十八大以来党和国家事业砥砺奋进的理论和实践总结好。”

亮主线——准确把握党的百年奋斗的主题主线、主流本质。

“总结党的百年奋斗重大成就和历史经验，要坚持辩证唯物主义和历史唯物主义的方法论，用具体历史的、客观全面的、联系发展的观点来看待党的历史。要坚持正确党史观、树立大历史观，准确把握党的历史发展的主题主线、主流本质”“增强党的团结和集中统一”“旗帜鲜明反对历史虚无主义”……

立原则——以强烈的政治责任感和历史使命感，聚精会神搞好文件起草工作。“要认真学习”“要深入研究”“要发扬民主”“要严明纪律”。

一个多月后，在文件稿框架方案初步成型的重要节点，习近平总书记再次主持召开文件起草组全体会议。

题定纲成，乘势而进。

提高政治站位、紧扣历史主线、坚持系统观念、突出团结鼓劲、认真负责精益求精……针对文件起草工作，习近平总书记进一步提出新的明确要求，特别强调要处理好“历史连续性和历史阶段性”“全面总结和突出重点”“总结成就和分析失误”“已有结论和最新认识”这“四大关系”。

遵循习近平总书记的指引，文件起草过程中一系列难题迎刃而解。

——聚焦总结党的百年奋斗重大成就和历史经验。

“我们党已先后制定了两个历史决议。从建党到改革开放之初，党的历史上的重大是非问题，这两个历史决议基本都解决了，其基本论述和结论至今仍然适用。”习近平总书记指出，“这次全会决议要把着力点放在总结党的百年奋斗重大成就和历史经验上，以推动全党增长智慧、增进团结、增加信心、增强斗志。”

——突出中国特色社会主义新时代这个重点。

“对党的十八大之前的历史时期，这次全会决议要在已有总结和结论的基础上进行概述。突出中国特色社会主义新时代这个重点，有利于引导全党进一步坚定信心，聚焦我们正在做的事情，以更加昂扬的姿态迈进新征程、建功新时代。”习近平总书记强调。

——对重大事件、重要会议、重要人物的评价注重同党中央已有结论相衔接。

“关于党的十八大之前党的历史上的重大事件、重要会议、重要人物，前两个历史决议、党的一系列重要文献都有过大量论述，都郑重作过结论。这次全会决议坚持这些基本论述和结论。”习近平总书记指出，“党的十八大以来，我在庆祝中国共产党成立九十五周年大会、庆祝中国人民解放军建军九十周年大会、庆祝中华人民共和国成立七十周年大会特别是庆祝中国共产党成立一百周年大会等重要会议上，对党的历史都作过总结和论述，体现了党中央对党的百年奋斗的新认识。这次全会决议要体现这些新认识。”

正是在习近平总书记的掌舵领航下，文件起草工作蹄疾步稳、扎实推进。

——整理汇编、深入学习习近平总书记重要讲话精神，在文件起

2021年4月22日拍摄的延安市宝塔山（无人机照片）。（新华社记者 张博文 摄）

草工作中贯彻落实；

——系统学习党中央关于党的历史的重要文献，研读思想理论界最新研究成果、海内外最新舆情信息；

——围绕全会文件框架方案，安排具体起草任务分工，抓紧起草，反复研讨，修改完善……

一册册重要文集和文献选编、一摞摞厚重的参阅资料、一页页画满条线的文字素材、一份份精心整理的专题报告……文件起草组成员勤勉工作、夙兴夜寐。

7月1日，文件起草组同志来到天安门广场，参加庆祝中国共产党成立100周年大会，现场聆听习近平总书记重要讲话。

习近平总书记在庆祝中国共产党成立100周年大会上的重要讲话，不仅是文件起草工作依据的重点，其中的许多重要思想也直接成了文件内容创新的“亮点”。

“发扬民主、集思广益，使决议稿成为凝聚智慧和共识的好文件。”这是习近平总书记反复强调的要求。

早在 4 月 1 日，党中央就发出通知，就全会议题在党内外一定范围内组织讨论、广泛征求意见。

20 多天内，各地区各部门各方面的 109 份意见建议汇聚而来，文件起草组整理形成 75.3 万字的汇总本。

这份汇总本是发扬民主的生动注脚。继承我们党的优良传统，此次文件起草工作征求意见建议的范围、规模堪称空前。

在党内，从中央政治局常委会会议审议到中央政治局会议审议，从按程序下发各地区各部门征求意见到以适当方式征求党内老同志意见……文件起草各个阶段，始终凝聚着全党智慧结晶。

在党外，广泛征求各民主党派中央、全国工商联和无党派人士意见，来自各方面的真知灼见，成为贯穿文件起草全过程的重要参考。

9 月 10 日，习近平总书记亲自主持召开座谈会，听取各民主党派中央、全国工商联负责人和无党派人士代表对决议征求意见稿的意见。与会人士踊跃发言并提交 10 份书面材料，贡献许多意见建议。

习近平指出，“4 月份，中共中央委托中央统战部专门征求了大家对中共十九届六中全会议题的意见。同志们提出了很多有价值的意见和建议，为起草决议稿提供了重要参考。刚才，大家又作了发言，对坚持和加强中国共产党的领导和加强中国共产党的建设需要研究解决的重大问题提出了意见，我们将认真研究和吸收。我代表中共中央向大家表示感谢。”

“能吸收的尽量吸收，能体现的尽量体现。”习近平总书记明确指示。

根据各地区各部门各方面对决议征求意见稿反馈的1600余条意见和建议，决议稿初步增写、改写、精简文字共计547处，反馈意见吸收率达24.6%。

发扬民主的过程，也是文件不断精进、日益完善的过程。

7月29日的有关会议上，习近平总书记在肯定文件送审稿进展的同时，提出“要再打磨、再推敲，不能就此‘封卷’”。

从春暖花开到秋实累累，决议稿在夜以继日的反复打磨中日渐成熟。

3次主持召开全会文件起草组全体会议，3次主持召开中央政治局常委会会议，2次主持召开中央政治局会议；从框架方案到送审稿，对每一稿都认真审阅修改、给出具体意见、提出明确要求……习近平总书记高度重视文件起草工作，始终引领文件起草工作沿着正确方向前进。中央政治局常委、中央政治局委员同志对决议文稿认真审阅、提出许多重要的修改意见和建议。

11月8日上午，党的十九届六中全会开幕。凝聚了全党智慧和意志、吸收了各方面意见和建议的《中共中央关于党的百年奋斗重大成就和历史经验的决议（讨论稿）》，摆在了与会同志面前。

会上，习近平总书记代表中央政治局作工作报告，并就决议讨论稿向全会作了说明。

从8日下午开始，与会同志分成10个小组，围绕中央政治局工作报告和决议讨论稿深入讨论、提出意见建议。

经过两天半的充分讨论，与会同志共提出修改意见138条。文件起草组根据这些意见，建议对讨论稿作出22处修改。

11月10日晚，习近平总书记主持召开中央政治局常委会会议，听取各组讨论情况汇报，研究确定文件修改问题。11日上午，决议修改稿再次提交小组讨论，形成决议草案。

与会同志一致认为，决议草案全面回顾了党百年奋斗的光辉历程，凝练概括了党的百年历史经验，突出了中国特色社会主义新时代这个重点，政治站位高远、思想方法科学、内容系统全面、历史脉络清晰，必将激发全党全国各族人民为实现中华民族伟大复兴继续奋斗的强大力量。

把握历史主动的伟大宣言
——决议融汇中国共产党践行初心使命、铸就世纪伟业的壮阔史诗，揭示百年辉煌的深远影响和创造奇迹的核心密码

“通过！”

11 月 11 日下午，人民大会堂，习近平总书记话音甫落，会场响起经久不息的热烈掌声。

3.6 万余字，字字意义深远，句句高屋建瓴。

一个世纪波澜壮阔的征程，浓缩进这部闪耀着马克思主义真理光芒的皇皇巨著。

这是一份深刻把握历史规律、掌握历史主动、总结历史智慧的政治宣言和行动纲领，充分彰显了百年大党高度的历史自信、高度的清醒成熟。

这是一份百年大党初心不改、矢志不渝、接力奋斗的优异答卷——

中国共产党一经诞生，就把为中国人民谋幸福、为中华民族谋复兴确立为自己的初心使命。

纵览决议，一个主题贯穿始终、分外清晰：中国共产党团结带领中国人民所进行的一切奋斗、一切牺牲、一切创造，都是为中国人民

2021 年 6 月 3 日，党员在全新开馆的上海中共一大纪念馆里重温入党誓词。（新华社记者 刘颖 摄）

谋幸福、为中华民族谋复兴。

决议将党的百年奋斗历程分为新民主主义革命、社会主义革命和建设、改革开放和社会主义现代化建设、中国特色社会主义新时代四个部分，一脉相承、层层递进：

从夺取新民主主义革命伟大胜利“实现了中国从几千年封建专制政治向人民民主的伟大飞跃”，到完成社会主义革命和推进社会主义建设“实现了一穷二白、人口众多的东方大国大步迈进社会主义社会的伟大飞跃”；

从进行改革开放和社会主义现代化建设“推进了中华民族从站起来到富起来的伟大飞跃”，到开创中国特色社会主义新时代“中华民族迎来了从站起来、富起来到强起来的伟大飞跃”……

中国共产党带领中国人民在一棒又一棒的接力跑中，推动了中华民族伟大复兴的巨轮进入了不可逆转的航道。

这是一个百年大党浓墨重彩的崭新篇章和再创辉煌的根本保证——

回望风云激荡的百年路，聚焦气象万千的新时代。

决议把新时代置于民族复兴的历史长河中观察，更加彰显了其历史特点和历史地位，标定了新时代在民族复兴历史进程中的标识性意义。

坚持党的全面领导、全面从严治党、经济建设、全面深化改革开放、政治建设、全面依法治国、文化建设、社会建设、生态文明建设、国防和军队建设、维护国家安全、坚持“一国两制”和推进祖国统一、外交工作……

决议从 13 个方面分领域总结了新时代党和国家事业取得的历史性成就、发生的历史性变革，重点总结 9 年来的原创性思想、变革性实践、突破性进展、标志性成果。

这些伟大成就、深刻变革彰显了中国特色社会主义的强大生机活力，为实现中华民族伟大复兴提供了更为完善的制度保证、更为坚实的物质基础、更为主动的精神力量。

天下将兴，其积必有源。

坚强的领导核心和科学的理论指导，是关系党和国家前途命运、党和人民事业兴衰成败的根本性问题。

决议作出一个重大政治论断：“党确立习近平同志党中央的核心、全党的核心地位，确立习近平新时代中国特色社会主义思想的指导地位，反映了全党全军全国各族人民共同心愿，对新时代党和国家事业发展、对推进中华民族伟大复兴历史进程具有决定性意义。”

游客在江西井冈山参观“井冈红旗”雕塑。（新华社记者 万象　2021 年 4 月 27 日摄）

党的十八大以来，党和国家事业取得历史性成就、发生历史性变革，根本在于有以习近平同志为核心的党中央掌舵领航，有习近平新时代中国特色社会主义思想指引航向。

这是历史的选择，是实践的证明，是全党全军全国人民的共同愿望。

在党的十九大报告“八个明确”的基础上，决议用“十个明确”对习近平新时代中国特色社会主义思想的核心内涵作了进一步概括。

“习近平新时代中国特色社会主义思想是当代中国马克思主义、二十一世纪马克思主义，是中华文化和中国精神的时代精华，实现了马克思主义中国化新的飞跃。”

在历史演进与理论创新的脉络中，决议科学阐明了习近平新时代中国特色社会主义思想在马克思主义发展史、中华文化发展史上的重要历史地位。

这是一个百年大党世纪伟业的深远影响和弥足珍贵的经验启示——

从一派衰败凋零到一派欣欣向荣，党和人民的英勇顽强奋斗，书写中华民族几千年最恢宏的史诗。

决议以宏阔的历史视角，从五个方面总结了“中国共产党百年奋斗的历史意义”：

“从根本上改变了中国人民的前途命运”“开辟了实现中华民族伟大复兴的正确道路”“展示了马克思主义的强大生命力”“深刻影响了世界历史进程”“锻造了走在时代前列的中国共产党”……

这五条概括，深刻阐述了党对中国人民、对中华民族、对马克思主义、对人类进步事业、对马克思主义政党建设所作的历史性贡献。既立足中华大地，体现了中国共产党和中国人民、中华民族的关系，又体现了中国共产党和马克思主义、世界社会主义、人类社会发展的关系，贯通中国共产党百年奋斗的历史逻辑、理论逻辑、实践逻辑。

以史为鉴，可以知兴替。看清楚过去为什么能够成功，才能弄明白未来怎样才能继续成功。

决议以深厚的历史智慧，从“十个坚持”深刻总结“中国共产党百年奋斗的历史经验”：

“坚持党的领导”“坚持人民至上”“坚持理论创新”“坚持独立自主”“坚持中国道路”“坚持胸怀天下”“坚持开拓创新”“坚持敢于斗争”“坚持统一战线”“坚持自我革命”。

饱含着成败和得失，凝结着鲜血和汗水，充满着智慧和勇毅，这十条经验系统完整、相互贯通、有机统一，揭示了党和人民事业不断成功的根本保证、党始终立于不败之地的力量源泉、党始终掌握历史主动的根本原因、党永葆先进性和纯洁性始终走在时代前列的根本途径。

这“十个坚持”是经过长期实践积累的宝贵经验，是党和人民共同创造的精神财富，必须倍加珍惜、长期坚持，并在新时代实践中不断丰富和发展。

这是一个百年大党迈向未来的进军号角和继续奋斗的行动指南——

从历史深处走来，向美好未来奔去。历史之问，亦是实践之问、时代之问、人民之问、未来之问。

决议向新时代的中国共产党人发出了团结带领中国人民踏上实现第二个百年奋斗目标新的赶考之路的号召：“我们一定要继续考出好成绩，在新时代新征程上展现新气象新作为。”

必须坚持党的基本理论、基本路线、基本方略，立足新发展阶段、贯彻新发展理念、构建新发展格局、推动高质量发展，协同推进人民富裕、国家强盛、中国美丽；

必须永远保持同人民群众的血肉联系，不断实现好、维护好、发展好最广大人民根本利益；

必须铭记生于忧患、死于安乐，常怀远虑、居安思危，继续推进新时代党的建设新的伟大工程；

必须抓好后继有人这个根本大计；

……

这份决议，是一个百年大党总结历史、面向未来的宣言，映射出一个矢志民族复兴伟业政党的强烈责任与历史担当，它的真理之光，将耀射未来、日久弥新。

从胜利走向新的更大胜利
——全面贯彻落实决议精神，以史为鉴、开创未来，埋头苦干、勇毅前行，为实现中华民族伟大复兴的中国梦而不懈奋斗

11 月 16 日，随着新华社发向全球的电波，《中共中央关于党的百年奋斗重大成就和历史经验的决议》对外公布。

“对中国共产党百年历史极具象征意义的总结，为中共自信地看待过去、当下和未来奠定基础”“新历史决议体现的历史观，将塑造未来数十年的中国国内民意”“中国进入新时代之后又一集结号与动员令”“为中国今后的发展指明方向”……海内外纷纷对决议的重要内容和重大意义予以高度评价。

浓缩百年征程不朽史诗，开启伟大事业崭新篇章。

历史不会忘记，1945 年，在争取抗日战争最后胜利的关头，党的

中国共产党历史展览馆外景。（新华社记者 鞠焕宗　2021 年 6 月 22 日摄）

六届七中全会原则通过的《关于若干历史问题的决议》，深刻总结了建党以来特别是党的六届四中全会至遵义会议前这一段党的历史及其经验教训，对若干重大历史问题作出了结论。

百年党史中的第一个历史决议，标志着整风运动胜利结束，成功解决了党的历史问题，统一了全党的认识，增强了全党的团结，促进了人民革命事业的迅猛前进和伟大胜利。

历史不会忘记，1981 年，在我们党改革开放新时期解放思想、拨乱反正的历史转折之中，党的十一届六中全会通过的《关于建国以来党的若干历史问题的决议》，回顾了新中国成立以前党的历史，总结了社会主义革命和建设的历史经验，对一些重大历史事件和重要人物作出了评价，特别是正确评价了毛泽东同志和毛泽东思想。

百年党史中的第二个历史决议，分清了是非，统一了思想，胜利完成党在指导思想上的拨乱反正。沿着决议指引的方向，党把马克思主义基本原理与中国实际和时代特征相结合，成功地探索和开辟了中国特色社会主义道路，取得了改革开放和社会主义现代化建设的巨大成就。

每一个历史决议，都铭刻下一个马克思主义政党的历史自觉，都记录下一个古老民族坚定不移奋进的身影。

今天，在以习近平同志为核心的党中央坚强领导下，中国共产党集中全党智慧、凝聚全党意志，制定百年党史中的第三个历史决议，又将为这个百年大党及其所领导的东方大国带来怎样的巨变？

于高山之巅，方见大河奔涌；于群峰之上，更觉长风浩荡。决议既是中国共产党世纪征程的回顾与致敬，更是千秋伟业的动员与宣示。

吸吮着中华民族漫长奋斗积累的文化养分，汲取着党百年奋斗创造的重大成就和历史经验，贯彻落实决议精神，牢牢掌握历史前进的主动权，中国共产党人始终站在历史正确一边，昂首迈向新的伟大征程。

再出发，中国共产党人自信自强——

习近平总书记深刻指出："当今世界，要说哪个政党、哪个国家、哪个民族能够自信的话，那中国共产党、中华人民共和国、中华民族是最有理由自信的。"

这份自信，根植于我们党带领亿万中华儿女创造的伟大奇迹，升华于党同人民血脉相连、生死与共、勠力同心所凝聚的磅礴之力。

这份自信，熔铸于中国共产党把握历史规律、掌握历史主动的强大能力。历史的关口，历史的决议，恰是中国共产党人的又一次自我革命、自我完善，彰显中国共产党鲜明的政治品格和独有的"常青之道"。

再出发，中国共产党人团结一心——

"旗帜鲜明讲政治、保证党的团结和集中统一是党的生命，也是我们党能成为百年大党、创造世纪伟业的关键所在。"习近平总书记强调。

制定历史决议，其目的就在于增强全党在政治上、思想上、组织上的高度团结，凝聚全党思想和共识、统一全党意志和行动，为我们党开启新征程奠定更加扎实的思想基础和更为主动的精神力量。

再出发，中国共产党人奋斗不息——

从2020年到2035年，在全面建成小康社会的基础上，基本实现社会主义现代化。从2035年到本世纪中叶，在基本实现现代化的基础上，把我国建成富强民主文明和谐美丽的社会主义现代化强国——这是何等宏伟的愿景，又是何等美好的期许！

历史只会眷顾坚定者、奋进者、搏击者，而不会等待犹豫者、懈怠者、畏难者。中国共产党人深知，征途漫漫，惟有奋斗。

再出发，中国共产党人风华正茂——

河北省平山县西柏坡纪念馆外景（无人机照片）。（新华社记者 牟宇　2021年6月13日摄）

勇于自我革命，是中国共产党最鲜明的品格，也是最大的优势。

百年来，中国共产党始终在推动伟大的社会革命的同时进行彻底的自我革命，从而战胜一个又一个困难，取得一个又一个胜利。

时刻牢记“中国共产党是什么、要干什么”这个根本问题，始终谦虚谨慎、不骄不躁、艰苦奋斗，以咬定青山不放松的执着、行百里者半九十的清醒奋力前行，中国共产党人不为任何风险所惧，不为任何干扰所惑！

百年奋斗激风雷，如椽巨笔著华章。每一个历史决议，都预示着党进一步成熟、进一步坚强，也预示着党的事业将迎来新的辉煌。

9年前，国家博物馆《复兴之路》展览上，习近平总书记的坚定话语犹在耳畔：

“中华民族的昨天，可以说是‘雄关漫道真如铁’”“中华民族的今天，正可谓‘人间正道是沧桑’”“中华民族的明天，可以说是‘长风破浪会有时’”。

站在新的历史起点上，习近平总书记向全党全军全国各族人民发出伟大号召——

“勿忘昨天的苦难辉煌，无愧今天的使命担当，不负明天的伟大梦想，以史为鉴、开创未来，埋头苦干、勇毅前行，为实现第二个百年奋斗目标、实现中华民族伟大复兴的中国梦而不懈奋斗。”

在过去一百年赢得了伟大胜利和荣光的中国共产党和中国人民，必将在新时代新征程上赢得更加伟大的胜利和荣光！

（新华社北京 2021 年 11 月 17 日电　新华社记者邬焕庆、邹伟、张晓松、林晖、朱基钗、王敏、孙少龙）

扫码收看

相关内容与视频